苏州革命博物馆 著

渐行渐悟

苏州革命史迹寻访集
(2015—2018)

苏州大学出版社
Soochow University Press

图书在版编目(CIP)数据

渐行渐悟:苏州革命史迹寻访集:2015—2018 / 苏州革命博物馆著. —苏州:苏州大学出版社,2020.6(2021.1重印)
ISBN 978-7-5672-3109-2

Ⅰ.①渐… Ⅱ.①苏… Ⅲ.①苏州—地方史—文集 Ⅳ.①K295.33-53

中国版本图书馆CIP数据核字(2020)第020344号

渐 行 渐 悟——苏州革命史迹寻访集(2015—2018)
Jianxingjianwu——Suzhou Geming Shiji Xunfangji(2015—2018)
苏州革命博物馆 著
责任编辑 李寿春
助理编辑 冯 云

苏州大学出版社出版发行
(地址:苏州市十梓街1号 邮编:215006)
苏州市深广印刷有限公司印装
(地址:苏州市高新区浒关工业园青花路6号2号厂房 邮编:215151)

开本 710 mm×1000 mm 1/16 印张13.25 字数189千
2020年6月第1版 2021年1月第2次印刷
ISBN 978-7-5672-3109-2 定价:58.00元

图书若有印装错误,本社负责调换
苏州大学出版社营销部 电话:0512-67481020
苏州大学出版社网址 http://www.sudapress.com
苏州大学出版社邮箱 sdcbs@suda.edu.cn

主　任：朱　江

顾　问：邓正发　吴晨潮

副主任：徐　进　王中衿（执行）

编　委：（以姓氏笔画为序）

　　　　王　辉　朱天培　时惜微　陈月华

　　　　金丽娴　胡玲玉　查燕华　蔡洵颖

序言 PREFACE

苏州是著名的历史文化名城，素为人文荟萃之地。近百年来，中国共产党领导苏州人民，取得了革命、建设和改革的一个又一个伟大胜利，也为苏州留下了丰富的历史文化资源。这些历史遗存和文化印记既是这段光辉历史的见证者，也是激励苏州人民在新时代继续砥砺前行的宝贵精神财富。

为了进一步挖掘、开发和利用苏州历史文化资源，特别是红色文化资源，弘扬红色传统，传承红色基因，苏州革命博物馆决定开展系列主题寻访活动。2015年，为纪念中国人民抗日战争胜利70周年，我们开展"寻访苏州的抗日印记"活动，在遗址遗迹中追寻苏州抗战历史；2016年，为纪念中国共产党成立95周年，我们开展"寻找苏州城市记忆，聆听百姓故事"活动，感受百姓记忆中城市和生活的变迁；2017年，为迎接党的十九大胜利召开，我们开展"追寻革命足迹，重温苏州城市记忆——乐益女中的往事"活动，领悟早期苏州共产党员的初心和使命；2018年，为纪念改革开放40周年，我们开展"寻·新"活动，透过普通人的奋斗，展现苏州波澜壮阔的改革成就。

在这些寻访活动中，我们或探寻遗址遗迹，或采访历史见证人，或查阅大量书籍，收集和整理了实物、照片、文字、录音等各种形式的资料。为更好地利用和宣传寻访成果，我们一方面通过"纪念中国共产党成立95周年——巨变·百姓记忆""中共苏州独立支部史料展"等专题展览，展示寻访成果，广泛地向公众普及身边的历史；另一方面开展实地调研，撰写相关文章，通过苏州革命博物馆微信公众号向公众发布，以期为挖掘和研究相关历史提供素材。在这里，我们选择部分文章，结集成册，分享给读者。

愿此书的出版，能引导广大读者在历史遗存中感受身边的历史，在情景交融中了解苏州地方党史，从中得到借鉴和启示，汲取营养和力量，为开创苏州更加灿烂的明天而奋斗。

目录 CONTENTS

第一章 寻访苏州的抗日印记

历史的界碑——揭秘苏州日本租界 / 3

苏州人不可不知的美国朋友——肖特 / 11

寻访英雄冢——向长眠于此的抗战将士们道一声感谢！ / 18

若问英雄身后事，我们并未遗忘——记"淞沪抗日阵亡将士追悼大会"和"英雄冢"碑 / 24

古刹寻访——《枫桥夜泊》碑运日之谜可否揭晓？ / 31

寻访浒墅关——当年见证了胜利之役的火车站如今还在吗？ / 38

"江抗"传奇之夜袭浒墅关 / 45

新四军太湖游击队之冲山突围记 / 50

第二章 寻找苏州城市记忆，聆听百姓故事

没有共产党就没有新中国——巨变·百姓记忆 / 61

80年前的调查　80年后的展览 / 70

一个调研挽救了一座古城 / 75

这位姑娘，你让我们看懂了"80后"的苏州情怀！ / 82

老先生的古城生活 / 88

第三章 追寻革命足迹，重温苏州城市记忆
——乐益女中的往事

乐益女中的不凡往事 / 97

忍不住的关怀，舍不了的初心——苏州建党先驱侯绍裘 / 105

一堂难忘的国文课 / 115

先烈之血，主义之花——探访叶天底烈士的人生故事 / 118

乐益女中的往事 / 128

百年相知，张冀牖与苏州的传奇 / 138

君子，淡如水——感怀张冀牖先生 / 145

追寻乐益女中的往事——专访《君自故乡来》作者沈慧瑛老师 / 152

第四章 寻·新

乡村振兴背景下苏州乡村建设人的所喜、所感、所忧——关于乡伴文创联合创始人彭锐的采访 / 161

金鸡湖边的"灰姑娘" / 168

志愿之心筑文明 / 175

社区"总理"普通而漫长的一天 / 183

我的教育——成长中的点滴 / 189

新媒体时代的新闻女孩 / 196

参考文献 / 201

后　记 / 203

第一章
寻访苏州的抗日印记

当追寻抗战历史的脚步在姑苏大地上铺开,一大批在抗日斗争中留下的遗址遗迹跃然眼前。我们发现,这座人们印象中山温水软的江南古城,有着一颗坚毅而智慧的内核。那是艰苦的磨难,也照映出勇敢的心。

历史的界碑

——揭秘苏州日本租界

"历史",当这两个字出现在我们眼前的时候,总是既有一种神秘感,又有那么点儿距离感。历史是遥不可及的吗?不是的,历史虽然发生在过去,但是那些过去的事情总能以各种形式流传到现在。例如,前人留下的文物和遗迹,还会或明或暗地改变着人们的思想,乃至社会的面貌。历史和现在是紧密相关的,所以,我们能从现在的时空中,寻到历史的遗迹,追根溯源。

在苏州革命博物馆的展厅中,陈列着这样一块界碑:碑长170厘米,宽36厘米,厚13厘米,石质材料;碑身正反面皆刻有"日本租界"的字样,侧面的落款分别是"大清光绪二十三年四月上浣""苏州洋务局立"。从其碑身上的文字来看,这是1897年竖立在苏州日本租界的界碑,其用途是标明苏州日本租界的区域范围。这

● 苏州日本租界界碑

2003年,该界碑在苏州南园桥南堍被发现,当场被移交至苏州革命博物馆收藏。

是历史留给我们的线索——不大的石碑后面一定有着一段复杂的历史。我们决定抓住这条线索,探寻这背后的故事。

1895年,中日甲午战争以中国的战败落幕,腐败无能的清政府被迫同日本签订了丧权辱国的《马关条约》,除了割让台湾、支付巨额赔款外,日本还要求清政府开放苏州、杭州、重庆、沙市为通商口岸,名义上是为了"以便日本臣民往来侨寓,从事商业、工艺、制作"[①],实际上是为了进一步侵略中国。

● 《马关条约》中关于租界的相关条文

---

① 《马关条约》第六款第一条。

苏州，地处江南富庶之地，有着近长江、通运河的交通之便，自然成了日本想要占据的地方，日本驻沪总领事珍田舍己甚至妄想得到"最是红尘中一二等富贵风流之地"的阊门外地区作为日本的专管租界。面对日本方面的咄咄逼人，中国的爱国官员和知识分子为此进行了不懈的斗争。张之洞、黄遵宪等人运用得力的外交手段，最终迫使日本将租界的选址从城北的阊门移到了城南的盘门。

与繁荣的阊门地区相比，当时的盘门是苏州比较冷清的一块地方，苏州旧时素有"冷水盘门"的说法。因此，将日本人置于清冷、偏僻之地，就能将日本租界对苏州在经济、治安等方面带来的恶劣影响降到最低。1897年，中日双方签订《苏州日本租界章程》，规定"中国允将苏州盘门外相王庙对岸青旸地，西自商务公司界起，东至水绿泾岸边止，北自沿河十丈官路外起，南至采莲泾岸边止，即图内红线所划之处，照竖界石，作为日本租界"[①]。根据当时的测定，租界面积为483.876亩（约322 584平方米）。现藏于苏州革命博物馆的那块界碑，就是在该章程签订后，被竖立在日本租界的边界上的。

苏州日本租界开辟后，日本对其寄予了不小的期望，设置了日本领事馆管理租界，还进行了一系列的市政规划和建设，以求促进苏州日本租界的发展。日本将苏州日本租界分成4个区域，分别冠以"元、亨、利、贞"的字号，还在租界内修筑了纵横交错的道路，并在干道边种植了大量的樱花树作为景观树。日本商人先后在租界内开设了吉原繁子旅馆、西田胶皮厂、桥本纽扣厂、冈田宰牲厂、瑞丰丝厂等。

虽然日本铆足力气想要"建设"苏州日本租界，但成果了了。据统计，截至1922年年底，租界内的土地只租出去了不到200亩（约133 334平方米），

---

① 《马关条约》第六款第一条。

居住的日本人只有 27 户，共 84 人，租界内的工商业发展水平也非常有限。在当时不少人看来，租界"实际上是一块荒野之地"，"苏州的这部分地方是很少有发展希望的"。① 造成这种局面的根本原因，在于中国各方面的抵制和斗争。当初租界选址的时候，中国的官员和知识分子成功地将日本租界设置在"冷水盘门"，这就使得日本租界"先天不足"。日本租界设立后，苏州地方政府加强了各方面的建设，如：修建新式马路和火车站，加强苏州城内外的交通能力，使阊门、胥门等地愈发的繁荣；先后兴建了一批官办或民办的近代企业，诸如苏经丝厂、华盛造纸厂、鸿生火柴厂等。这一系列的举措壮大了自身力量，而在无形中又降低了日本租界的竞争力，进而成功地遏制住了日本租界的发展。

● 苏州日本租界的手绘地图（现藏于苏州革命博物馆）
地图上清楚地表明了日本租界地域范围和界内规划，图中插日本国旗的地方为日本领事馆。

---

① 陆允昌：《苏州洋关史料（1896—1945）》，南京大学出版社，1991 年，第 103 页。

抗日战争爆发后，日本占领了苏州，随后又在南京扶植汪精卫成立伪政权。为了宣传所谓的"中日亲善"，1943年3月30日，汪伪政府装模作样地"接收"了苏州、杭州、汉口、天津等地的日本租界，但这种"接收"，只不过是掩盖侵略的一个幌子。直到1945年9月2日，日本正式签署投降协议书，中国人民取得了抗日战争的伟大胜利，苏州盘门外青旸地，这块被日本抢走了48年的"租界"，才真正回到了祖国的怀抱。

从1897年设立苏州日本租界算起，至今已有120多年了；从1945年抗日战争胜利算起，到现在也有70多年了。当年的日本租界早已不复存在，这段历史已经尘埃落定。可是，仅仅了解这段历史，还无法满足我们的好奇心，我们决定到实地去寻访，看看当年的日本租界现在变成什么样了，找找那里还有没有当年留下来的遗迹。

租界是一块地域，所以对租界的寻访，首先要做的便是界定租界的范围。在中日双方签订的《苏州日本租界章程》中，虽然对租界的边界有了明确的规定，但在100多年的历史发展中，很多地名改变了，有些地理因素也发生了变化，因此，那张手绘地图便成为解锁如何确定租界的范围这一难题的密码。对照手绘地图，在多方查证后，我们成功地将苏州日本租界的地域范围圈定出来。条约中"西自商务公司界起"，"商务公司"早已不可寻，而那条边界现在则是苏州人耳熟能详的人民路；"东至水绿泾岸边止"，"水绿泾"也难已寻到，现在这里是南园南路；"北自沿河十丈官路外起"，"官路"就是现在的南门路；"南至采莲泾岸边止"，"采莲泾"的变化最为复杂，不但名字改成了青旸河，连流向都发生了改变。

租界的范围既定，接下来要做的就是寻找其中的历史遗迹了。在100多年的建设中，当年的建筑多已消失，但租界中最重要的一栋建筑，仍旧完好

●苏州市第一丝厂院内的日本领事馆旧址

地保存至今。它就是日本领事馆。根据《苏州日本租界章程》的规定，日本在租界内设立领事馆管理租界。由于领事馆在相当长的一段时间内是日本在苏州势力的核心，因而有很多反帝爱国斗争在这里发生，如：在五四运动的浪潮席卷苏州时，江苏省立苏州第二女子师范学校（今江苏省新苏师范学校）的师生列队前往日本领事馆抗议；在1927年日资瑞丰丝厂拖欠工人工资的事件中，苏州总工会委员长、中共党员舒正基代表工人，来到领事馆同日本领事谈判。经过寻访，我们在苏州市第一丝厂院内，找到了当年的日本领事馆——一栋红砖砌成的洋房。这栋建筑

●日本领事馆旧址石碑

依旧保存完好，可惜的是，该馆没有对外开放，故而不能进馆一探全貌。

租界内的历史遗迹，除了这座已被列为苏州市文物保护单位的日本领事馆外，其他建筑基本已经消失在历史的长河中了。但在租界周边，还能找到

一些与租界有关的建筑。这些建筑不但在风格上带有明显的时代特征,就连其出现和用途也与日本租界有着紧密的联系,其中最有代表性的就是苏州关税务司署。

《马关条约》签订后,苏州设立日本租界已成定局。考虑到租界设立之后必有日商前来投资建厂,清政府为办理好相关的报关、纳税、查禁走私等业务,于1896年8月,在葑门外觅渡桥南侧(今南门路8号)设立了苏州关税务司署。苏州关税务司署的管辖范围为嘉兴以北、丹阳以南、昆山以西的地区,首任税务司为英国人孟国美。现在的南门路8号已经成为苏州青少年活动中心,同时,当年苏州关税务司署的3栋小楼也被完整地保留了下来。这3栋小楼均为英伦风格的西式别墅,坐北朝南,红瓦尖顶,红砖外墙,占地面积约为2 436平方米,总建筑面积约为1 774平方米。东边的楼有2层,西边的楼有3层,中间的是平房。2009年,苏州市政府有关部门对这3栋小

● 原苏州关税务司署(今南门路8号)

楼做了全面维修，因而现在看着，依旧整洁美观。

　　100多年的时光，在历史的长河中只是一朵浪花，而世间却已历经沧桑巨变。如今的苏州城南青旸地，早已不是当年的"冷水盘门"，而是街道整洁、商铺林立、绿树成荫。苏州日本租界已成为历史，今天我们回首观望，古今之别宛如日月换新天，当历史天空中的雾霾散去时，我们已步入崭新的时代。苏州日本租界作为苏州近代史的一部分，是对历史的见证。而今，我们加深对其研究，能更好地了解苏州近代化的过程，以古鉴今，继往开来。

苏州人不可不知的美国朋友

——肖特

他不是中国军人,也没有作战任务,却义无反顾地投入中国人民的抗日斗争中,为守护苏城百姓的安危,不惜献出了宝贵的生命,成为中国抗日空战的第一义士。这位苏州人不可不知的美国朋友到底为何会有这样的义举?他的英勇事迹又在苏州留下了哪些印迹呢?

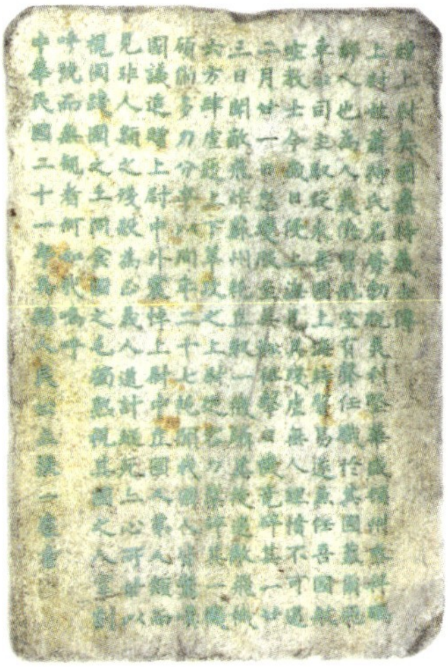

在苏州革命博物馆的第一展厅中,展出了一块《赠上尉美国肖特①义士传》碑,青灰色的石碑上这样写道:

赠上尉美国肖特义士传

上尉姓肖特氏,名劳勃脱,美利坚华盛顿州泰科玛乡人也。为人义侠,习航空有声,任

● 《赠上尉美国肖特义士传》碑(现藏于苏州革命博物馆)

---

① 碑文中美国飞行员的姓译作"萧特",今通常译作"肖特"。

——苏州革命史迹寻访集(2015—2018)

职于其国盖尔飞车公司主驭。旋来吾国上海的贸易,遂兼任吾国航空教士。今岁日侵上海,见其残虐无人理,愤不可遏。二月廿一日忽变服至吴淞,狙击日机,竟碎其一。廿三日闻敌飞炸苏州耗,立驭一机蹑其后,遇敌飞机六,方肆虐,遽上下萃攻之。上尉从容力御,碎其一机,顾倘多力分,卒以殉,年二十七。耗闻,我国人皆惊叹,国议追赠上尉,中外震悼。上尉中立国人,第人类而见非人类之残杀,为正义人道计,纵死亦心所甘,以视同践国之土,同食国之毛,独熟视其国之人宰割呼号而无睹者,何如哉!呜呼!

中华民国二十一年吴县人民公立
张一麟书　黄慰萱刻

细读碑文,可知肖特驾驶飞机与日本轰炸机战斗至牺牲的故事梗概,并能感受到中国人民对这位美国飞行员殉难的悲痛和对他大无畏精神的崇敬之情。

● 肖特像

为了掌握更多的战斗细节,以及苏州人民对他的纪念情况,寻访人员先是查阅了由中共苏州市委党史工作办公室编写的《中共苏州地方史》和《苏州抗日斗争史》,书中写道:肖特驾机在苏州南郊上空迎击来犯的6架日机。在击落敌机1架、击毙日飞行员1人后,肖特的飞机不幸被敌机击中,坠毁于吴县车坊(今属苏州市吴中区甪直镇）境内，肖特不幸遇难……苏州市民自发地将肖特的遗体入殓安葬，并为这位壮烈牺牲的美国义士举行了隆重的出殡仪式。为表彰肖特义士为中华民族英勇献身的崇高精神，南京政府特追任肖特为中国空军上尉，并决定为他举行公葬。4月28日，50余万市民参加的追悼大会在苏州公共体育场举行。

再翻阅《苏州市志》的记载，在大事记中有这样一段记录：民国21年（1932年）2月23日，美国人肖特驾宝灵号飞机在苏州上空迎战袭击苏城的日机6架，以身殉难，年仅27岁。4月28日，苏州各界在公共体育场隆重召开追悼肖特大会。后集资在大公园（今苏州公园）北部建肖特义士纪念碑亭。

从《苏州市志》的叙述中，我们发现，原来苏州人记忆中的大公园里就有肖特义士纪念碑亭。寻访小组立即赶往大公园，却没有找到纪念碑亭，随后又拜访了苏州公园管理处的工作人员。一位热心的周姓负责人说："大公园几经改造，《苏州市志》中记载的肖特义士纪念碑亭已经不在了，目前也无法确切地说出当年其位于大公园内何处。"我们从园方获悉：全面抗战爆发后，苏州人民成立了吴县各界抗敌后援会，地点就设在当年位于大公园的苏州图书馆内。由于遭到日寇的疯狂轰炸，图书馆被付之一炬，肖特义士纪念碑亭也被破坏了！但好在写有纪念肖特碑文的大理石片被人保存了下来……这里说到的大理石片正是苏州革命博物馆收藏并展出的那块。

除此以外，园方工作人员介绍道："1932年7月，在肖特殉难处——苏州市吴中区车坊乡高店镇浮漕港口江海随粮王庙东侧，竖起了近3米高的华表式花岗石纪念柱，柱子的正中间刻有'美飞行家肖特义士殉难处'，此纪念柱目前为苏州工业园区的肖特纪念馆所收藏。"

——苏州革命史迹寻访集(2015—2018)

● 寻访小组拜访苏州公园管理处的工作人员

● 肖特纪念馆

寻访小组立即奔赴肖特纪念馆，随后便见到了代管肖特纪念馆的负责人——苏州市道教协会韩会长。当他得知我们是来深入了解肖特义士之事时，就热情地与我们进行了交谈，并将自己掌握的肖特战斗事迹和纪念馆建设情况向我们一一道来。

寻访至此，我们了解了这位美国朋友当年在苏城留下的感人义举。

肖特曾是美国陆军航空队飞行员，退役后担任美国盖尔飞机公司的驾驶员。1930年，肖特来华从事贸易工作，后担任中国国民党军政部航空学校飞行教官。

● 韩会长口述肖特战斗事迹和纪念馆建设情况

来华后，恰逢1932年"一·二八"淞沪抗战爆发，国民党第十九路军将士虽拼死抵抗日军的进攻，但双方空中力量悬殊，日军凭借其绝对的空中优势掌控了制空权，不仅对中国军队进行狂轰滥炸，而且还惨无人道地袭击了非军事目标和平民百姓，每到一处便是瓦砾废墟、残肢碎尸。肖特亲眼目睹了日军的野蛮暴行，义愤填膺。

1932年2月21日，日机疯狂肆虐着上海的居民区，肖特正驾驶着波音P-12E战斗机准备从上海飞往南京，在战云密布的空中与3架日军轰炸机相遇。此时的他不是中国军人，也没有接到上级指派作战的命令，但他心底的那份正义感告诉他，决不能袖手旁观。于是，他驾驶战斗机向日机发起攻击。一阵激战过后，肖特击中了其中一架日机，并凭借着娴熟的飞行技术在空战中毫发无损。

然而，这次空战只是前奏，更激烈的战斗随即而来。

2月23日，3架日军轰炸机在3架战斗机的掩护下满载弹药，在苏州南郊上空对无辜民众及苏州机场掷弹轰炸。此时，肖特正单独驾驶飞机飞过苏州上空，见此暴行，他压抑不住心中的怒火，立即投入这场本与他无关的战斗中。

● 肖特纪念馆陈列的肖特的飞机模型

肖特加大马力，驾驶飞机与日机群展开周旋，不断地对其进行猛烈攻击。这个编队的总指挥小谷的飞机受到重创坠落。而肖特的飞机也因为寡不敌众，被多发炮弹命中。最终，失去平衡的飞机坠落于水中，一个年仅27岁的生命就此消逝。

当地百姓当日将肖特的遗体从湖中捞起，2月25日，由苏州机场指挥官将其遗体按中国的习俗入殓。为表彰肖特舍生取义的崇高精神，当时的南京政府特追封他为空军上尉。4月24日，上海各界为肖特举行了隆重的追悼大会和军葬典礼，肖特的家人也前往参加。肖特为保护苏城百姓而殉难一事深深感动了当时苏州各界民众。4月28日，苏州百余群众齐集公共体育场隆重追悼肖特。后来，又有各界人士为其聚资立碑，以志不忘。

虽然肖特已离开我们80余载，但是他的善良、正义、勇敢，至今仍在民间广为传颂。在苏州工业园区吴淞江江滨公园内的肖特纪念馆，依然有很多后人去敬仰和缅怀这位为中国抗日斗争牺牲的美国飞行员。姑苏百姓不会忘记这位可亲可敬的美国朋友，每一个中华儿女不会忘记这位舍生取义的真英雄。

寻访英雄冢

——向长眠于此的抗战将士们道一声感谢！

● 苏州革命博物馆展厅陈列的"英雄冢"碑图

在苏州革命博物馆的展厅中，有这样一张照片，它反映了1932年"一·二八"淞沪抗战后，寓居苏州的李根源等爱国人士将战斗中殉难的78位将士遗骸安葬在马岗山，并立碑纪念。

在日常讲解接待中，常常有观众向苏州革命博物馆的讲解员提问："李根源是谁？马岗山在哪里？'英雄冢'碑现在还有吗？"

2015年，是中国人民抗日战争胜利70周年，"一·二八"淞沪抗战也已过去83载，战争的硝烟早已消散，但历史又怎能忘却？那些为了民族解放而逝去的生命该由谁来祭奠和怀念？

为此，在一个寒风凛冽的冬日，我们成立苏州革命博物馆寻访小组，带着观众的问题，前往苏州市吴中区木渎镇的马岗山，实地寻访当年的英雄冢，给我们自己，也给观众们一个清晰的答案。

在到达马岗山之前，我们先赶赴苏州市吴中区穹窿山脉的小王山，这里就是近代著名爱国人士李根源

● 李根源雕像

的墓所在之处。我们怀着激动的心情，前去一探李根源与苏州的不解情缘。

在写有"淡泊明志"的李根源纪念堂里，我们参观了反映李根源生平的展览，进一步了解了这位近代名士对姑苏文化的卓越贡献和为后人敬仰的爱国气节。

李根源出生于云南腾冲，是我国著名的爱国将领，也是辛亥革命的先

● 李根源纪念堂的工作人员向寻访小组介绍藏品

驱者、杰出的爱国民主人士。1905年，他加入同盟会，1909年，出任云南陆军讲武堂监督、总办。辛亥革命爆发后，他曾任云南军政府军政部总长兼参议院院长等职，参与反袁护国战争和护法运动。1922年，李根源任北洋政府航空督办、农商总长，兼署国务总理。1923年，他隐居苏州。1928年，李根源将其母阙太夫人安葬在小王山，并建阙茔村舍。"九一八"事变后，他发动苏州市民开展募集军需、救治伤兵、收容难民、收葬阵亡将士、营救"七君子"等抗日救亡活动。中华人民共和国成立后，李根源先后担任西南军政委员会委员、西南行政委员会委员、全国政协委员、文史资料研究委员会副主任等职。1965年7月6日，他病逝于北京，同年葬于吴县小王山。

沿着方石小径，我们找到了李根源墓。苏州本是李根源的第二故乡，他却选择"魂归故里"于此，可见苏州在他心中的位置。

随后，我们赴苏州市吴中区木渎镇寻找"英雄冢"碑。行至苏州市吴中区藏书中学，下车后经过一番打听，我们才得知学校对面的小路就能通到"英雄冢"碑处。

走到路的尽头，在这片不算茂密的树林里，我们看到了"一·二八"抗日阵亡将士墓，前方有两块碑，

● 李根源墓

一块就是观众时常问起的李根源题字的"英雄冢"碑,碑的背面赫然写着埋葬于此的78人的名单!另一块是国民革命军第五军军长张治中题字的"气作山河"碑。后方不远处立有无名英雄纪念碑,这是1937年"八一三"淞沪会战后,李根源等人在藏书石码头砚山埋葬千余名抗战阵亡将士的遗骸,并题写此碑,后经迁葬至此地。

● 马岗山墓碑

在山下,我们巧遇了马岗山的护林员马炳根。他告诉我们,他的父辈们都很清楚这里当年为阵亡将士建冢立碑的事情。近年来,当地政府也很重视这个爱国主义教育基地,墓碑上的字都是2014年重新描过的。

告别了马老先生,我们来到"英雄冢"碑前,此刻空气凛冽,四周寂静。凝望墓碑,我们不由得感叹道:"原来我们离这段抗战历史这么近!"山间的冷风划过脸颊,让人内心涌起一种无以言表的悲壮之情。大家不发一言,只是依次向着墓碑默默地鞠上一躬,想对长眠于此的英灵们道一声感谢!谢谢你们曾经以血肉之躯捍卫我们的国家!今天我们能做的除了祭奠你们,还应该把这段历史传播出去。寻访终究是为了以史为鉴,指引未来!

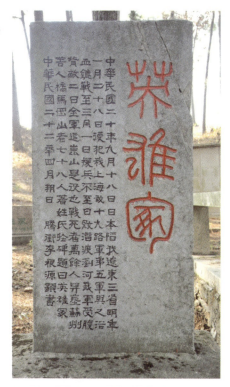
● 李根源题字的"英雄冢"碑

● 国民革命军第五军军长张治中题字的"气作山河"碑

● 无名英雄纪念碑

● 马岗山护林员马炳根向寻访小组介绍情况

● 苏州革命博物馆开展"寻访苏州的抗日印记"活动

若问英雄身后事，我们并未遗忘

——记"淞沪抗日阵亡将士追悼大会"和"英雄冢"碑

1932年1月28日，侵华日军进犯上海，中国军队在人民的支援下浴血奋战，至3月3日停战。战役结束后月余，中日签订《淞沪停战协定》，该战役史称"'一·二八'淞沪抗战"。此次战役使日本想一举侵占中国江浙地区以及中部腹地的梦想化为泡影，使中日全面战争延迟了5年，为中国抗战赢得了时间。

苏州紧邻上海，淞沪抗战的战火，将苏州和上海连成了一片，苏州各界民众热血沸腾，支援和慰劳前方抗日将士，极大的爱国热情使他们成为淞沪抗战的坚强后盾。

战役结束后，为了祭奠将士的英魂，1932年5月28日，苏州军民在公共体育场举行了淞沪抗日阵亡将士追悼大会。

● 淞沪抗日阵亡将士追悼大会

遗憾的是，追悼会的相关资料现在已经很难找到了。2012年，上海淞沪抗战纪念馆公映了1分多钟的追悼会真实影像，根据该影像资料中的介绍，我们希望能还原当时肃穆庄严的场景。

从这张图中，我们可以看到：追悼大会的会场坐落于公共体育场，会场的中央搭起了主席台、音乐台及指挥台。指挥台在会场中央，主席台上高悬"淞沪抗日阵亡将士追悼大会"的白布横额，两旁悬有两副巨联：一曰"英灵不泯，浩气长存"；一曰"生作干城，死为雄鬼"。会场的大门口，有两座素牌坊，左右两边门亦各有一座素牌坊。会场内挂的挽联、挽幛等多达数万副。公共体育场中央，搭起了一座祭台。台上设有祭祀座位，祭桌前，有一座手工扎出的花碑，上面用花瓣粘出"阵亡将士之墓"六个字。祭台前，设有"为国捐躯"四个字的大花圈，这是国民革命军第十九路军各师、各旅、各团、各营、各连所合送的。祭台正中央悬挂着蒋介石送的横布额。左右各有两条竖幅，左边写着"抗暴御侮"，右边写着"成仁取义"。

全国各界人士送来的挽联，自会场外公园路口开始，一直绵延至会场四周。送花圈的也有好几千人，祭台上下摆满了各式各样的花圈。其中以国民革命军第十九路军交通处送的花圈最有特色，该花圈是用所缴获的日本飞机抛下而未爆炸的一枚50磅炸弹，以及两支从战利品中挑选出的三八式步枪搭建而成的。其他的花圈有绢制的，有蜡制的，不一而足。

这场追悼大会现场总人数达5万余人，其中包括蒋光鼐、蔡廷锴、张治中、戴戟、陈铭枢、何香凝、李济深等人。致祭的各界代表纷纷写祭文、颂祭文，寄托哀思。其中尤以张治中所写的祭文最为感人，声声泣血，闻者无不落泪。

● 女学生在竹竿上挂起各界人士送来的挽联

● 参加追悼会的蒋光鼐、蔡廷锴、张治中等人在大会主席台上悼念阵亡将士

张治中的祭文如下：

维中华民国二十一年五月二十八日，国民革命军第五军军长张治中率同全体将士，敬谨致祭于我淞沪抗日阵亡将士之灵曰：呜呼！蠢彼岛夷，狼子野心，陷我东北，窥我沪滨。赖我将士，挞伐用申，迭歼顽敌，固我名城。贼来愈众，我志益坚，奋勇杀敌，以一当千。声震陵谷，气壮山河，撼山岳易，撼我军难。月黑庙镇，风紧江湾，剑光射斗，敌胆皆寒。再接再厉，载守载攻，追奔逐北，叶卷西风。敌弹如雨，敌机翔空，惟（唯）我将士，猛勇精忠，出生入死，成仁成功。洒血兮化碧，吐气兮成虹。呜呼将士，渺矣音容！仓皇戎马，诀别无从。梦萦回兮故垒，泪涕零兮江东。鹃啼兮声苦，花落兮飞红。

呜呼将士！上有父母，下有妻子，泉台永隔，怆怀何已！我与君等，如兄如弟，仰事俯蓄，责在后死。呜呼将士，从此长眠！此仇未报，衷肠若煎。誓将北指，长驱出关，收我疆土，扫荡凶残。执彼渠魁，槛车系还，一樽清酒，再告重泉。呜呼将死，得其死矣，功昭党国，光耀青史。人生草草，大地茫茫，忠贞亮节，山高水长。呜呼将士，庶几来飨！

此时，天下着雨，张治中一边颂一边哭，先是哽咽，继而号啕，哭罢再读，读罢又哭，读到最后已经泣不成声，胸前尽湿，不知是泪水还是雨水。

台下将士持枪肃立于风雨中，饮泪无声。数万民众泣不成声。一时间，山河垂泪，天地同悲。

追悼大会之后，苏城民众又开始热议另一件事。"一·二八"淞沪抗战期间，苏州红十字会医护人员去往前线抢救伤员，并把伤员送到苏州的后方医院进行治疗，令人扼腕的是，最后有78名将士因伤势过重而牺牲。这些身亡的将士，他们该葬于何处，魂归何方？苏城百姓议论纷纷，虽然城内城外空地、荒地甚多，找一处空地让将士们安息并不是难事，但大家认为将士们是善人，善人必须葬于福地，不能马虎了事。

这时，隐居苏州小王山的李根源站了出来。李根源可以说是民国时期隐居苏州最大的"官"，他一生叱咤风云，却在44岁事业巅峰时，退居苏州，息影林泉。他事母至孝，退隐后迎接母亲至苏州侍奉，后母亲病逝于苏州，李根源将母亲葬于小王山，并立下誓言：庐墓守孝终生，初一、十五为母亲吃斋。

就是这样一位"大佬"在"一·二八"淞沪抗战爆发之际，不忍旁观，拍案而起，联合爱国士绅张一麟、刘正康等人，组建后援会，建伤兵医院，支援前线。面对将士们葬于何处的问题,他积极参与选址,最后选择了城外善人桥之北的马岗山。善人桥,正好以地喻人。李根源与苏城爱国人士捐款在善人桥买下了这块地。

● 李根源母亲墓

1933年4月,墓地落成。李根源、张一麐等人施以最高规格的祖宗之礼,亲自执绋,率领乡民、学生近万人,披麻致祭,负土安葬。李根源含泪挥笔写下五绝:"霜冷灵岩路,披麻送国殇。万人争负土,烈骨满山香。"今天读来,仍是催人泪下。

据说,李根源曾这样解释行祖宗之礼的原因:"伤兵我应敬之如祖若宗,盖以父母只能生我教我,不能使我不为亡国奴;不为亡国奴,非伤兵血战保卫我不可。"

其后,在1937年"八一三"淞沪会战后,李根源又再次披麻执绋为1 000多名殉国将士送葬。

从资料中获悉,埋葬有78名将士的"英雄冢"碑封土高2米,墓地东西长28米,南北宽7米,地形方正,东西两端各立石碑一块。一碑,正面刻有李根源所题的"英雄冢"三个字,雄浑苍劲。碑上还刻有他所写的几排小字"……我十九路军、第五军与之浴血鏖战,至三月一日援兵不至,日寇潜渡浏河……战死者万余人。昇葬于苏州善人桥马岗山者七十八人,著姓氏于碑。题曰'英雄冢'。"碑的背面刻有78位阵亡将士的名字。

另一碑,正面刻有国民革命军第五军军长张治中所撰的"气作山河"四个径尺大字。石碑的背面刻有在"一·二八"淞沪抗战时受重伤的国民革命军第八十八师师长俞济时和第八十七师师长王敬久的题记各一段,以表彰死难将士为保卫祖国山河、为国献身的不朽精神。

在中国近代史上,"一·二八"淞沪抗战的影响深远,此役之后,几乎每一个血性军人、每一个中国人都奋起抗战。本文中所提到的为阵亡将士诵读泣血祭文的守军将领、参加追悼会的热血军民、为殉国将士举行国丧的爱国士绅,他们的身上无不展现着中华民族的精神和气节。不知有多少人为挽救中华民族而牺牲,而正是这千千万万的血肉之躯,筑成了中华民族抵抗外来侵略的不朽丰碑!

● "气作山河"碑拓

古刹寻访

——《枫桥夜泊》碑运日之谜可否揭晓?

2015年是抗日战争胜利70周年,这是属于中国人民的胜利,也是苏州人民的胜利。1937—1945年苏州沦陷期间,日本帝国主义在政治、经济、军事、文化等方面对苏州进行了长达8年的殖民统治。沦陷初期,苏州

● 被轰炸后的石路地区

遭受到严重的轰炸,尤其是阊门石路一带被投放燃烧弹,烧了三天三夜。这使得曾经繁华的商业区化为一片焦土,死伤群众、被毁房屋不计其数。

日本侵略者的滔天罪行远不止武力蹂躏苏州人民。苏州沦陷后,伪苏州地方自治委员会和伪江苏省政府相继成立,苏城内外军警、宪特横行,苏州人民的生命和财产遭到威胁和掠夺,历史文化珍宝遭到破坏和抢夺。

● 流离失所的苏州人民

面对日军的暴行,苏州人民并不畏惧,积极抵抗日寇,守护苏州。苏州图书馆员工为了保全珍贵古籍,冒着生命危险将1 558种、19 874册馆藏珍本辗转保存于太湖的东、西山中,直至抗战胜利。

还有苏州名门潘氏昆仲,不顾日寇威胁利诱,将祖传稀世珍宝西周大盂鼎、大克鼎深埋土中,并于中华人民共和国成立后献给国家(今分别藏于中国国家博物馆和上海博物馆)。苏州人民用拳拳爱国之心,以力所能

● 西周大盂鼎(现藏于中国国家博物馆)

及之力构筑了一座全民抗战的堡垒。

今天，笔者要和大家说一个关于苏州沦陷时期寒山寺的故事。寒山寺作为一座闻名海内外的千年古刹，也曾是侵华日军觊觎的对象。日本人对寒山寺的情有独钟，与唐代鉴真和尚东渡日本宣传佛法有关。《枫桥夜泊》这首诗在日本也颇为盛行，日本人认为听了寒山寺的钟声可以驱邪利吉。在寒山寺的碑廊里，有一块著名的《枫桥夜泊》碑，它是由清末著名学者、文学家、古文字学家、书法家俞樾所书，可称得上寺中一绝。

相传，日军占领苏州之后，便迫不及待地向寒山寺伸出了魔掌，妄图掠走这块珍贵的碑。日军本想以举办"东亚建设博览会"的名义，把碑运到日本，而寒山寺住持静如法师知晓后，唯恐碑被掠走，就请苏州刻碑高手钱荣初依照原样以假代真刻碑，以瞒日寇。后来，仿制的碑因故没能运往日本。

这个民间传说几经演绎，成了一个谜一样的传奇故事。尤其是碑没能运往日本的原因有多个说法，其中一说是因为1939年的一天清晨，在寒山寺的山门外惊现一具无名尸，很快日本宪兵队查明了死者身份。此人是一位爱国志士，由于长相酷似仿刻碑的钱荣初，便冒充其样貌，瞒过日本人，全力护碑。当时，死者的上衣口袋中还有一张用血写成的纸条，上面写着："刻碑、裹碑者死！吾忘祖训，合（活该）遭横事。"日本陆军大将看完后，面如土色，他在抢碑之前就曾听闻唐武宗留下的这句遗训。于是，他将此事上报了天皇，天皇虽然喜欢这块碑，但最终也只得放弃掠碑之念。笔者查阅资料发现有一本2011年出版的悬疑小说《碑咒》，就是围绕这件事所写的，看来民间对此事件的真相也在不遗余力地探索和挖掘。

这块碑是否曾被运往日本？如果确有其事，碑又是如何被保护下来的呢？寻访小组走进苏州市档案局（馆），查阅了《苏州新报》1939年3月15—25

相关报道，发现确有日本企图举办"东亚建设博览会"一事。

1939年3月15日《苏州新报》第2版，在"大阪朝日新闻社举办东亚建设博览会"的主标题下，记有"日本大阪朝日新闻社，定于本年4月1日起，在大阪甲子园，举办'东亚建设博览会'"，但这则新闻并没有提到寒山寺碑之事。

3月16日《苏州新报》第2版，赫然用了醒目的主标题"寒山寺碑运日"，副标题"参加大阪东亚建设博览会"。此条新闻中提道：日本朝日新闻社，定期在大阪甲子园，举办东亚建设博览会……兹悉该社此次举办之展览会中，除陈列名贵出品外，并以唐代诗人张继所咏之《枫桥夜泊》诗闻名中外……故特在会中仿照寒山寺假造一所，为逼真起见，将寒山寺碑即日搬运赴沪，再转运至大阪陈列，届时东邻人士之未履中土者，得能摩挲观赏，用意良善，并闻此碑一俟大会闭幕再行运归原处，是则东渡后之寒山寺碑将益增其声价矣。

● 1939年3月15日《苏州新报》第2版刊登的"大阪朝日新闻社举办东亚建设博览会"新闻

以后数日，报上仍不断地报道有关"东亚建设博览会"的新闻。例如，3月20日《苏州新报》上刊载：凡中日满各地之文物代表作品，均广事征求。3月25日《苏州新报》上刊载：凡中日满各地之文物，均极意搜罗。再往后，此类新闻便不再出现。

这些报纸资料，证明"寒山寺碑运日"传闻确有来历，后来新闻不了了之，疑团依旧未解。于是，寻访小组特赴寒山寺查访。走进千年古刹，来到碑廊一览俞樾所书《枫桥夜泊》碑的真容。小组成员们在碑前站立许久，凝视着这幅古朴端厚的碑文，仿佛面前是一位历经世事的老者，沧桑中透着沉着和坚定。

● 1939年3月16日《苏州新报》第2版刊登的"寒山寺碑运日——参加大阪东亚建设博览会"新闻

● 寒山寺俞樾所书《枫桥夜泊》碑

随后，寻访小组拜访了寒山寺文化研究院的院长姚炎祥，简要说明来意后，姚院长将《枫桥夜泊》碑背后深藏的这段历史娓娓道来。姚院长的叙述与笔者掌握的资料信息基本吻合，大体能明确的是，日本确实想将碑运走，但遭到了苏州文物界的反对。钱荣初也确实复刻过一块俞樾所书《枫桥夜泊》

碑，目的当然是为了以假乱真，不让真碑被掠走，但关于那个唐武宗的遗训和爱国志士的舍生取义，姚院长认为没有确凿证据不好妄下结论。

尽管如此，姚院长为寻访小组提供了一个重要线索：钱荣初曾将此事的原委告知他的徒弟时忠德，此人可能知晓当年复刻《枫桥夜泊》碑的具体细节。笔者听后十分欣喜，因为时忠德正是颇有名望的苏州碑刻技艺代表性传承人。那么，究竟该去哪里寻找他呢？自然是苏州碑刻博物馆！

● 寒山寺文化研究院座谈会

寻访小组立即前往苏州碑刻博物馆求证，并得到了陆雪梅馆长和时忠德老师的鼎力支持。时忠德老师回忆起师父钱荣初时，这样说道："我的师父是1986年去世的，他确实说过在抗日战争时期曾经复刻过一块《枫桥夜泊》碑，那是为了让原碑不被日本人运走而复刻的。"当问及是谁让钱荣初复刻时，时忠德老师答道:"应该是寒山寺方面。但由于年代久远,我已经记不清复刻的具体时间了。"

听到这里,笔者抛开故事的传奇色彩,围绕《枫桥夜泊》碑拼凑出了故事的大概样貌。日本侵略者即使最终没有运走碑,也改变不了其掠夺者的丑恶面目,而苏州人民在抗日战争中想方设法保护珍贵文物的行为值得后人铭记。如果碑会说话就好了!它能告诉我们:静立在寺中的岁月见过何人,听过何事,经历过怎样的风雨,又受到过谁人的呵护。抗日战争的岁月虽已远去,碑也终究不会说话,但随着史料的挖掘,早晚能还原出更多历史的真相!

● 钱荣初徒弟时忠德(左一)

寻访浒墅关

——当年见证了胜利之役的火车站如今还在吗？

在苏州革命博物馆的陈列中有一个重要的展示项目：夜袭浒墅关。它反映了1939年6月24日深夜，江南抗日义勇军（以下简称"江抗"）经过事先严密的侦

● 夜袭浒墅关展示项目

察和周密的部署，袭击了由日军警备队驻守的浒墅关火车站，打得日本鬼子措手不及。双方激战半个多小时，"江抗"毙伤连同日军警备队队长在内的20多人，烧毁营房2座，炸毁道轨100多米，使沪宁线中断3天……

那么，究竟"江抗"是什么部队呢？相信大家都听过"新四军"，可是很多人不了解"江抗"。其实，"江抗"是一支以新四军六团为骨干，主要担负新四军东进作战任务的部队。

为什么当年"江抗"选择袭击浒墅关火车站呢？原来浒墅关是沪宁铁路和京杭大运河的关隘，距苏州城仅10多千米，日军的补给都在这里完成。因此，"江抗"攻打浒墅关火车站能扩大东进的影响，有敲山震虎的重要意义。夜袭浒墅关胜利后，上海《申报》《新闻报》《大美晚报》等各大报纸纷纷报道："京沪线游击队两处重创日军""浒墅关为游击军攻破，将日本兵全行杀死"……这一场胜利，可以说使"江抗"军威大振！

● "江抗"夜袭浒墅关展示项目（局部）

如今，我们听过苏州站、苏州北站，却不曾想浒墅关也有过火车站。那么，当年战斗过的火车站现在还有吗？寻访小组通过GPS的指引，从苏州革命博物馆出发，沿西环路转入虎池路，再

● 寻访小组沿途得到了当地居民的指引和帮助

走城际路，没过多久，就找到了苏州新区站。从位置和外观判断，此站修建时间不长，必定不是当年打仗的地方。寻访小组询问售票人员后得知，老火车站如今已经不再开放了，但仍旧可以找到遗迹。接着，售票人员又好心地比画起老火车站的方位。或许是听错了通往老车站的入口，寻访小组开进了一条小路，周边四处动迁，虽无高楼遮挡，但也未见老火车站的踪影。然而，大家并不气馁，下车沿街问路。遗憾的是，在各位好心人的指引下，依然不见火车站的影子。

此刻，眼前虽然是一片荒凉之地，但大家坚信只要认真寻找，就一定能找到老火车站！果然，功夫不负有心人。寻访小组经过几经探寻后发现，眼前的围墙后面有一栋二层楼房，在几棵大树的掩映下，"浒墅关站"四个大字终于出现了！

● 浒墅关站旧址

可是问题又来了，我们要翻墙而入吗？一番登高远眺后，大家看明白了，如果此前没有听错转弯路口，汽车是完全可以驶入站内的。看到了路就是看到了希望，大家不由自主地排好队，沿着围墙向老火车站走去，而脚下的路只容一人通过，另一边就是泥泞的水塘。

● 寻访小组沿着泥泞的水塘，寻找老火车站

小路的尽头是围墙的豁口，我们小心地向前行进，渐渐地，眼前出现了一栋建筑。当我们怀着激动的心情走进这栋建筑，并说明了来意后，站长打开了平时关闭的铁门，由此，我们才得以看到那令人难忘的一幕！

这里就是浒墅关的老火车站了！笔直的铁轨延伸至远方，间或有不同颜色的列车驶过，却不在此停留，近处的一条轨道上还停着几节货车厢……种种迹象表明这里已不再承担客运任务。而铁轨上方的动车飞驰而过，用它那流线般的外形和闪电般的速度提醒着后人新旧的更替、岁月的变迁。

行渐悟
——苏州革命史迹寻访集（2015—2018）

●停留在铁轨上的几节车厢

●站在浒墅关站站台上，能近距离看过往的动车

当寻访小组将目光转向西侧时，惊喜地看到了夜袭浒墅关纪念碑。它静静地伫立在松柏中央，一旁墙上的爱国主义基地铜牌似乎在向来往的人们诉说着发生在这里的故事，而革命英烈的抗日壮举也会被一代代人传颂下去。

工作人员小高告诉寻访小组，他从小就听家里的老人说，当年"江抗"正是从无锡出发来到浒墅关的，这场战役发生在半夜，日本鬼子毫无准备，被打得鬼哭狼嚎、慌忙逃窜。小高还指给寻访小组看，这座仓库所在的位置，正是当年发生战斗的地方。

● 夜袭浒墅关纪念碑

● 铁轨边的仓库

——苏州革命史迹寻访集（2015—2018）

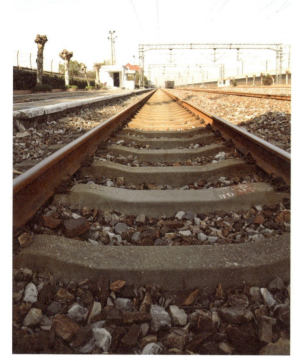

● 浒墅关站的轨道

走到这里，答案已经全部揭晓了：夜袭浒墅关战斗的原址找到了！它为这座城市保存着一段豪迈、激昂的抗战记忆。寻访小组努力靠近了真实的历史，穿过战争的血雨腥风，仿佛依旧能听到胜利的号角！"江抗"战斗的功绩不应被这略显冷清的车站湮没，而应该让更多的人对保卫家园、打击日寇的"江抗"战士心怀感恩和敬意。

此时，眼前的铁轨仍旧一眼望不到尽头，目之所及也终究只是一小节而已。正如中华民族的历史，每个人都只能是这沧海一粟。如今，滚滚车轮把我们带到了最好的时代，但过去发生了什么呢？未来会更加美好吗？眼下，我们唯有砥砺前行、不断进取，方得始终。

"江抗"传奇之夜袭浒墅关

1938年是全面抗战爆发的第二年。日军在正面战场步步进逼,上海、南京、杭州等主要城市相继失守。苏南各地土匪、流氓以及国民党散兵游勇乘机打出了"游击队"的招牌,他们自封"队长""司令",在周围一带拥兵割据、为害百姓。江南大地陷入一片混乱之中。

5月4日,新四军军部接到了毛泽东发来的一封电报。按照指示,新四军中一部分主力开始向苏南地区挺进。

很快,新四军在苏南地区不断发展壮大,却引起了同样位于江南地区的国民党第三战区的嫉恨与不满,他们不但对江南新四军"画地为牢",限制其只能在沪宁铁路常州以西活动,还不断地对新四军的活动进行破坏。

处在日军和国民党军队的双重夹击下,新四军处境变得十分被动,几乎没有回旋余地。如何才能冲破国民党的限制，改变目前的处境呢？

第二年春天，周恩来到达新四军军部，和军部领导人一起商定了新四军下一步的发展方向。

从新四军军部返回苏南后，陈毅立即考虑如何安排新四军东进问题。思来想去，他最后决定：新四军二团继续担负茅山地区的游击战，而新四军六团则准备向东作战。

可是东路地区，日军武器先进、装备精良，还设立了像梅花桩一样的据点，严密防守。而新四军六团的战士大多是闽东人，虽擅长爬山，却不会撑船划桨，再加上战士们大多说闽东方言，和江南人言语不通，东进道路，可谓是困难重重。

● "江抗"副总指挥叶飞与"江抗"战士

担任新四军六团团长的正是一代名将叶飞，在接到东进任务后，他拍着胸脯，到陈毅面前立下了军令状：此次东进，新四军六团不仅不会被消灭，还会得到发展。

5月，暮春时节。在叶飞的率领下，新四军六团将士从茅山大本营出发，东进抗日。

此时在苏南武进地区，有一支地方抗日武装——"江抗"。司令是梅光迪，他和新四军有着秘密的联系。这次为了蒙蔽国民党三战区，防止国民党顽固派找借口破坏东进行动，新四军六团就是借用他们的名义东进抗日的。看到新四军六团的到来，他们很高兴，立即和新四军六团会合，成立"江抗"总指挥部，共同东进抗敌。

"江抗"到达无锡后，在了解了苏州、常熟地区的抗日工作情况后，他们开始以无锡为基地，分兵数路向苏州、常熟地区进发。10多天后，吴焜率领"江抗"二路到达阳澄湖地区，与当地一些抗日武装力量胜利会师。

东进后的这段日子，"江抗"与日军多次作战，也取得了一些胜利，但影响都不是特别大。得知日军在江南的气焰依然十分嚣张，"江抗"战士个个群情激昂，他们想要再去会会日军，杀杀鬼子的锐气。

地点选在哪里呢？"江抗"总指挥部想到了浒墅关。自苏州沦陷以后，浒墅关就成了日军运兵和转运后勤物资的重要关隘，战略位置非常重要。如果"江抗"能在此与日军一战，无疑将会给日军重重一击。经过商议之后，"江抗"总指挥部选择在浒墅关火车站发动一次袭击，准备狠狠地打击一下骄横的日军。

为了了解浒墅关的情况，打好这一仗，叶飞、乔信明（"江抗"总指挥部参谋长）亲自找来了熟悉那一带情况的周达明参谋和曾在浒墅关小学（今苏州市浒墅关中心小学）当过教员的李关玉，让他们去实地侦查，了解敌人的情况。

6月20日，周、李二人扮作兄妹，装成当地教师的模样出发了。为了安全起见，他们先乘坐一只小船来到吴县的东桥镇，随后，他们又步行前往浒关镇。

在浒关镇的一个茶馆里，李关玉找来了当地的进步青年小徐。小徐听说"江抗"要打鬼子，非常高兴。他详细介绍了驻守火车站的日军及周围地形、交通等情况，并当场画了一张据点内外的草图交给周达明。

拿到了草图之后，周达明心里还是有点不太放心，他想到实地亲自看一看，于是小徐又陪着他沿车站一带仔仔细细察看了一番。完成侦查任务后，为了防止敌情有变，周达明让小李、小徐留下继续监视敌人，自己则立刻赶回去汇报情况。

在听了周达明汇报的情况后，"江抗"总指挥部制订了更为严密的作战计划。4天后的傍晚时分，"江抗"的勇士们出发了，此时的江南正值梅雨季节，道路非常泥泞，战士们踏着泥泞的小路，从无锡梅村冒雨前往浒墅关。

"江抗"首先神不知鬼不觉地进入了东桥镇，抓获了伪镇长及巡官等5人，控制了东桥镇。接着，参战部队又兵分两路，一路直插浒墅关，一路攻击黄埭伪军，实施"打黄援浒"的战略。

这次担任主攻的部队是"江抗"二路一营。将士们一路行军，直到半夜，才赶到浒墅关附近，随后又兵分三路：一连、三连分向东西两侧戒备苏州、无锡援敌；二连迅速向车站靠拢，用机枪封锁大门，包围日军营房。

此时，浒墅关死一般的寂静，一面巨大的太阳旗在房顶上有气无力地飘动着，日军一个个正赤膊躺着，呼呼大睡，他们做梦也没有想到"江抗"会来袭击，因为从来没有人敢来偷袭他们。"江抗"的战士们把一排排手榴弹扔进了窗内，手榴弹碰巧炸着了旁边的汽油桶，刹那间，熊熊的烈火就燃烧起来。随着隆隆的爆炸声，日军在屋内乱作一团，有的扯着嗓子哇哇乱叫，有的则光着身子往外跑，但又被外面机枪的火力压了回去。与此同时，秘密布防在铁路沿线上的三连，也按照原定计划炸毁了路轨。

经过半个多小时的激战，日军警备队长、士兵等20多人被毙伤，车站营房成了一片焦土，沪宁铁路中断了3天。上海《申报》《新闻报》等报纸纷纷刊登了这一振奋人心的消息——"京沪线游击队两处重创日军""浒墅关为游击军攻破,将日本兵全行杀死"。

浒墅关一战威震江南,日军大为震惊,"江抗"的名声从此打出去了。此后,"江抗"以苏州、常熟地区为基地继续东进抗日,取得了一系列的胜利,沉重地打击了日伪政府,扩大了抗日的影响,开创了东路抗战的新局面。

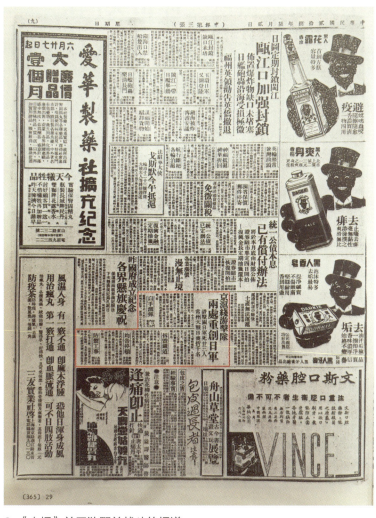

● 《申报》关于浒墅关战斗的报道

新四军太湖游击队之冲山突围记

在抗日战争时期,太湖地区一直活跃着一支抗日队伍。老百姓称它为"新四军太湖游击队",全称"新四军太湖抗日游击支队",后为"新四军苏浙第二军分区太湖县总(纵)队"。这支队伍于1941年成立,主要在太湖一带活动,与日伪军展开了一系列艰苦卓绝的斗争,并建立了苏西、锡南抗日游击区,给我们留下了很多英勇抗敌的故事,其中尤以薛永辉率领新四军太湖游击队冲山突围的英勇事迹最为著名。

冲山岛是苏州市吴中区光福镇西太湖中的一座孤岛,面积不足3平方千米,住有百来户人家,四周芦苇茂盛,水天一片。岛上的居民出行都要乘船,地理位置的偏僻使冲山岛成为新四军太湖游击队的主要宿营地之一。

1944年9月9日清晨,东方鱼肚泛白,冲山岛还

● 冲山岛周边的太湖湖面

没从黑夜的寂静中苏醒过来，50多名游击队队员和民兵骨干就悄悄来到冲山岛，参加中共苏西县委举办的短训班，这些人中就有苏西县委书记兼新四军太湖游击队司令薛永辉。

说起薛永辉，他可不简单，在太湖地区领导开展了减租减息、反敌征粮、反抓壮丁、肃清湖匪等工作，深得苏州、无锡两地百姓的拥戴。而日伪军则是对他恨之入骨，悬赏万元缉拿这位新四军"太湖司令"，不过一直没人能来领这个赏金。

这次开办的短训班，目的是为了接下来进一步开展群众性的抗日游击战，大家积极分享战斗经验，薛司令更是与

● 薛永辉（1911—1997）

行渐悟
——苏州革命史迹寻访集（2015—2018）

学员们面对面交流，大家都很珍惜这次难得的机会，会开得热火朝天，殊不知，危险却在慢慢向他们靠近。

下午4时许，太阳已偏西，在烟波浩渺的太湖上，突然出现了几艘汽艇。汽艇目标明确，直向冲山岛驶来，隐约可见船头站满了日伪军。负责警戒的游击队队员迅速报告了薛司令。此次培训是机密的，现在突然有日伪军前来，必然是消息被泄漏了。同时，根据此次日伪军兵力部署的情况来看，他们的这次行动绝不是普通的水上巡查，显然是有备而来，难道他们知道薛司令在这里？如果事情真是这样，那么就是岛内组织中出现了叛徒。

叛徒会是谁呢？一个人名出现在薛司令等人的脑海中。昨天审查账目时，事务长胡文仁被发现有贪污行为，当时他神情慌张，今天一早就借口采办物资出门，至今未归。

● 苏州革命博物馆展厅内搭建的"冲山之围"场景

岛上，参加短训班的学员们正在议论：胡文仁到底有没有叛变？

与此同时，胡文仁正位于离冲山岛并不远的地方。他被发现贪污后，一早就去木渎日军警备队投敌叛变了，还把薛司令等主要领导骨干都在冲山岛的情报当作见面礼送给了木渎日军警备队队长平山。平时吃够新四军太湖游击队苦的平山高兴极了，立即从木渎、望亭等地调来了日伪军300多人，亲自指挥，率军向冲山岛而来。

岛上的薛司令和骨干们分析了敌情，迅速将学员们分组，大家隐蔽到芦苇荡中，只等天黑后再寻机泅水突围。

很快，汽艇靠岸了。300多名日伪军登陆冲山岛，一通机枪扫射后，又封锁了港口，扣留了岛上所有的船只，同时派了两艘汽艇围着冲山岛转圈巡逻。

小小的冲山岛，被日伪军分村落、山头、芦荡、河沟、山洞搜了个遍。日伪军挨家挨户地搜查，按户口逐个核对人头。很快，10多名游击队队员和民兵不幸被捕。

一天天的搜查，从村庄搜到山头，又搜到河沟里，陆续地又有好几名游击队队员和民兵被抓。敌人对被捕的同志严刑拷打，逼问薛司令的下落，这些同志个个钢筋铁骨，任何酷刑换来的只有沉默和痛骂。最终，恼羞成怒的日伪军枪杀了22名游击队队员和民兵。

日伪军已经包围冲山岛9天了，薛司令就像长了翅膀飞走了一样，完全不见踪影。平山越来越急躁，他想不通，连那一望无际的芦苇荡都搜过了，这种地毯式的搜索，就是一只苍蝇都逃不掉，怎么就是找不到一个大活人呢？

那么，薛司令到底在哪呢？在日伪军包围冲山岛的当天，薛司令、邓尉区行政办事处副主任黄惠群等10人在村民的带领下躲到了冲山岛南面的芦苇荡中。这里的芦苇荡又大又密，薛司令、黄惠群等人藏身其中，很难被发现。

日伪军巡逻的汽艇不时地从他们身边开过，并不断向芦苇荡中扫射。在这种情况下，薛司令、黄惠群等人除了躲避子弹之外，还要寻找机会突围。此时，天空开始下雨了，先是蒙蒙细雨，慢慢地，雨越下越大，太湖上空乌云滚滚，暴雨从天而降，太湖起浪了。巨浪一波一波地打来，为了防止被巨浪卷走，薛司令、黄惠群等人互相搀扶，迎着巨浪在湖边寻找船只。巨浪打到薛司令、黄慧群等人的身上、脸上，一时间令他们喘不过气来，而原本齐腰的水位也涨到了胸口，甚至都要没顶了。

第一夜就这样过去了。

第二天，天刚放晴，太湖水面又恢复了宁静。大家趁着这个工夫躲到芦苇荡中休息，并计划进行分批突围。当天晚上，太湖异常平静，此时突围是个好时机。当巡逻艇渐渐远去时，薛司令、黄惠群等人从白浮山游到南山边进行突围。接下来几天，又有几名擅长凫水的志士突围了出去。他们出去以后，就到光福、胥口、木渎等地放"烟雾弹"，说薛司令早就逃出了包围圈，有人在某处见到了他。

最后留在芦苇荡中的只剩下薛司令和1名民兵，还有3名女同志。

7天过去了，日伪军还在进行地毯式搜索。薛司令等人只能躲在芦苇荡中，除了太湖水之外，没有任何食物。白天的太阳很毒，照在芦苇上，那股子湿热气，逼得人想吐，但他们的胃里又没有东西可吐。到了晚上，气温骤降，冷得人瑟瑟发抖，而他们身上的衣服也是干了湿，湿了干。

如果照这样继续下去，薛司令等人都会饿死在芦苇荡中。他们咬咬牙，互相搀扶着摸出芦苇荡找食物，只要看到湖边有荷梗，就折一些来嚼嚼。天无绝人之路，他们在寻觅中发现了一片稻田。这时，田里的稻谷已经成熟，沉甸甸地垂在那里，真诱人啊！3 名女同志的体力比男同志的体力恢复得快，她们小心翼翼地下稻田捋谷子。薛司令和民兵李兴根负责放哨，他们将稻谷装满了衣袋后，又摸到了一片新的芦苇荡，就躲在那里美美地饱餐了一顿，对他们来说，稻谷比山珍海味还要鲜美。接下来的几天，他们白天躲在芦苇荡中，晚上女同志去捋谷子，找水喝。他们的体力也在慢慢恢复。

可是好景不长，没过几天，日伪军就找到了这片芦苇荡，一下子就把芦苇踏平了。所幸薛司令等人藏在刺藜棚边，日伪军见路难走就没有进行搜查，他们总算是逃过一劫。但是这个隐蔽地已经暴露了，他们只能寻找下一个藏身之地。

幸运的是，他们又找到了一条布满刺藜的高埂，而且看得出来，日伪军已经搜查过这个地方了。梗前有条水沟，梗后有片稻田，对于这个"有吃有喝又安全"的新隐蔽地，薛司令等人都很满意。商量了一番后，他们在刺藜棚里拾掇出了可供 5 个人睡觉的地方，又用杂草、芦苇、刺藜将外围紧密地遮盖住。

接下来的十几天，大家轮流睡觉，无论白天还是晚上都安排了人放哨：既要关注四周的动静，又要防止自己人的打呼声传了出去。刺藜棚是露天的，白天太阳毒辣，闷热难耐，没有一丝凉风；晚上秋风刮来，冷凛入骨。这里不仅天气让人难以忍受，而且野地里的苍蝇、蚊子、蚂蟥肆虐，人被咬过后，身上疼痛难忍。虽然他们天天吃谷子、剥谷子，舌头、嘴唇都被磨破了，指甲也被磨得像锯齿一样了，但他们丝毫没动摇意志，互相鼓励、互相照顾，一直咬牙坚持着。

在被围困了 20 天后，新四军苏浙第二军分区派遣独立二团百余名同志前来营救，而此前散布的"薛司令早就逃脱了"的传闻也越传越甚，失望的日伪军害怕被围只能撤退。平山恨恨地走了,他想不通,薛永辉难道插了翅膀飞走了?

在确定日伪军撤离后,薛司令、严月落、王坚、张云及民兵李兴根,从

● 新四军太湖游击队纪念馆

● 新四军太湖游击队队员用过的物品

茫茫的芦苇荡中钻了出来。他们的身体状况非常差,浑身浮肿,面色灰白,衣服都烂成了条。在这次围困中,31名干部、民兵牺牲了,部分战士凫水突出了重围,薛永辉等人最终靠着坚强的毅力挺了过来,成为新四军太湖游击队的领导核心和骨干力量。

中华人民共和国成立后,新四

● 新四军太湖游击队纪念馆内的《英名录》

军太湖游击队的英勇事迹不仅被写成报告文学,还被编成中篇评弹,在江浙沪一带广为流传。在苏州革命博物馆的展厅里有"冲山之围"的场景重现。在《中共苏州地方史》《新四军太湖游击队创建和发展》上有新四军太湖游击队、"冲山之围"等相关资料的记载。

在细细研读了新四军太湖游击队的英勇事迹后,我们不禁感慨薛司令的艰辛与不易,也被新四军太湖游击队队员的坚贞不屈所折服。于是,在一个风和日丽的下午,苏州革命博物馆的寻访小组来到了新四军太湖游击队纪念馆。

新四军太湖游击队纪念馆于2009年建成,位于苏州市吴中区光福镇冲山村北山。拾级而上,可以看到"冲山之围"中5位英雄的塑像。

在纪念馆内,可以看到新四军太湖游击队队员们的生活用品、作战工具、信件书函以及日伪军所用的武器。恍然间,抗日战争时期,战士们艰苦卓绝的斗争情景一下子在眼前浮现出来。

走到纪念馆内的《英名录》前,寻访小组的成员们不禁默念起上面一个个朴素的名字。

出了纪念馆,站在革命英烈的塑像边,眺望太湖,感慨良多。眼前的湖中飘荡着绿色的芦苇,仿佛当年薛永辉等人就是在那里隐蔽了20多天,最终凭借坚强的毅力走出了芦苇荡。

如今,太湖边的冲山岛已经成为当地一个重要的红色旅游景点了。殊不知,我们的先辈们是用血肉之躯换来了如今的幸福生活。当下,我们所能做的,就是牢记过去,珍惜今天,开创未来。

● 从冲山岛远眺太湖

第二章
寻找苏州城市记忆，聆听百姓故事

　　沧桑古城，见证了多少个日出日落，陪伴了多少代人的来来往往。人们的经历，就是城市的阅历。百年风雨拥着我们奔涌于历史的长河，看似琐碎、日常的片段里，其实蕴藏着生生不息的力量，它让我们与古城彼此成就，永远相依。

没有共产党就没有新中国

—— 巨变·百姓记忆

2021年将迎来中国共产党成立100周年。中华人民共和国成立以来，在中国共产党的领导下，苏州的社会主义现代化建设和改革开放事业取得了瞩目的成就。一代又一代苏州人，在这块热土上，艰苦奋斗，干事创业，书写了辉煌的城市历史，留下了宝贵的精神财富。作为城市的建设者与创造者的老百姓，其生活也发生了巨变——生活环境越来越美丽，日子越过越红火，这是每个苏州人直观而朴素的感受。

然而，在天翻地覆的巨变中，有太多承载着我们故事的记忆，正默默消逝在奋斗的路上，匆匆湮没在城市的年轮中，被人遗忘。于是，我们致力于寻找，从岁月的长河中打捞起记忆的片段，通过百姓视角，以实物来呈现，追忆逝水年华，感知变革的力量，凝聚前进的动力。

在这里，你可以重温童年、青春、奋斗的历程，找寻共同的时代记忆；在这里，你可以体验小巷生活，感受软糯吴语，翻看家书家训，追寻共同的文化根源；在这里，你可以目睹苏州几十年来，尤其是近年来日新月异的变化，回味自己的欢笑与汗水，憧憬共同的理想与目标。

家在苏州，唯愿我们的城市越来越好！

童年记忆

童年，是我们的小时候。那时，我们有天真的脸庞，有奇妙的话语，还有用不完的时间。

有时间抬头，看云的形状；有时间用小手折一只纸飞机，吃一个很大的苹果，玩一块橡皮；有时间画画，在课本上；有时间订正考卷；有时间学乐器或不学乐器；有时间寻找一棵桑树或摆一桌军棋。

有时间拥抱妈妈或爬上爸爸的肩；有时间奔跑、大笑、幻想、睡觉、吵架、和好；有时间哭；有时间做奇怪的事，还有时间忘记它。

● 展厅"童年记忆"场景

每一代人有不同的童年，玩不同的游戏，读不同的书，看不同的天空。每一代人的童年也相同，那里都是记忆的源头，永远散发着暖色的光。

青春岁月

青春，是嘴角边的音符，是球场上的汗水，是风中的裙摆，是日记里的眼泪，是没有寄出的信，也是来不及牵起的手。

青春时的梦，就像风的梦，不羁地流浪，从没有枷锁。青春时的愁，也像雨的愁，要落在何处的土地上？会开出怎样的花？青春时的悲喜，是鸟儿的悲喜，有磨砺时的痛苦，更有高飞后的欢乐。

青春在课堂，在田野，在工厂，在远方，带给我们上铺的兄弟、可爱的恋人，无限的憧憬和希望。

每一代人的青春不同，在不同的浪潮中，抵达了不同的彼岸。每一代人的青春也相同，同样充满了又苦又甜的故事，同样肩负了时代的重任，也同样值得用一生来追忆和回味。

● 展厅"青春岁月"场景

奋斗故事

我们来自各行各业,每天忙碌在苏城的各个角落,为生活奔波,坚守梦想,扛起责任,兑现承诺。

城市的繁荣发展,需要太多人的辛勤付出。人的起点有高低,能力分大小,但热爱工作、敬业奉献的心可以是相同的。哪怕是一颗螺丝钉,也是大机器上不可或缺的零件。

当城市孕育着我们,包容着我们,我们也深爱着城市,回报着城市,用智慧,用才华,用汗水,用爱心,在平凡的工作中创造价值,用平凡的人生谱写不凡的奋斗之歌,也在城市的记忆中留下永远难忘的身影。

● 展厅"奋斗故事"场景

● 展厅"家书家训"场景

家书家训

　　家书是父母和子女、长辈和晚辈、丈夫和妻子之间，用文字传递的血脉亲情、分享的生活感悟、表达的爱和思念。家书"见字如晤"，却又更平和、更理智。教诲中，有理解和尊重；忠告中，有诚恳和温柔。用"真"而"简"，含"情"蕴"理"的书信，换来的感动和醒悟，总是尤其深刻。家训，是宝贵的精神遗产，为我们的漫漫人生路，带来穿越时空的力量。家书家训，是一脉相承的中华传统文化，其蕴含的美德与品格，犹如润物无声的春雨，灌溉一代又一代美好富足的心灵。在这个和笔墨信笺渐行渐远的时代，我们提倡用家书家训传承美好家风，为民族的复兴夯守每一块道德的基石。

行渐悟
——苏州革命史迹寻访集（2015—2018）

● 展厅"小巷情怀"场景

小巷情怀

  小巷，是古城苏州美丽的人文风景。小巷之美，美在灵秀。小巷有儒雅的名字、古朴的建筑、深厚的历史和辈出的才俊。小巷之美，美在静雅。小巷身在扰攘人间，却不见车马喧嚣，有吴侬软语，也不乏弦索叮咚。小巷之美，美在自然。巷子里的烟火气、人情味、家长里短，包容了所有市井人生的平淡和温馨。

  小巷，是景色，也是一代代苏州百姓的家。这些年，苏州积极地进行老街巷保护和整治工作，给了百姓更便捷、更舒适的宜居环境。生与斯，长于斯，血脉在这里延续，幸福在这里相守，文化在这里传承，情怀才有所寄托，乡愁才终有归属。

苏州方言

苏州话,说之柔软、甜糯,听之温和、细腻,品之斯文、谦逊。或许是受了千年文化的濡染、小桥流水的滋润,苏州才有了如此特别的方言。苏州人只互道一声"倷好",已是问候到了彼此的心里。苏州话,是苏州的珍宝。

城市的发展,不可避免地带来了方言的变迁。于是,保护方言、留住乡音成了苏城人必须面对的课题。如今的苏州,电视、广播有苏州话新闻,公交、地铁有苏州话报站,书店里有苏州话教材,社区里有苏州话培训班,还有各种各样的苏州话比赛……传播苏州方言的载体越来越多,保护的力度也越来越大,所有努力都是为了让承载苏州历史、文化和生活的声音印记,永远不会消逝于历史的长河里。

● 展厅"苏州方言"场景

这些年

　　党的十八大以来，以习近平同志为核心的党中央，面对时代发展的新趋势、改革实践的新问题、人民过上更好生活的新期待，形成了一系列治国理政的新理念、新思想、新战略，以更新、更丰富的思想理论，引领"中国号"巨轮，破浪前行，向着实现中华民族伟大复兴的彼岸奋力前行。

　　近年来，苏州市委、市政府积极贯彻落实党中央、国务院和江苏省委、省政府的指示精神，在政治、经济、社会、文化、生态、党建等各个领域开展新实践，打开新局面，取得了新成就。一切努力，皆为造福人民；一切成果，皆在百姓心中；一切动力，只为中国梦的苏州篇章再创辉煌。

结　语

　　苏州，是座亦古亦新的城市。任岁月流淌几千载，依旧生生不息。

　　苏州，是座刚柔相济的城市。大步前行中，依然有小巷幽幽、小河静静的缓慢时光。

　　苏州，是座含蓄内敛而又开放包容的城市。苏城的人们，有的土生土长，有的来自四方。他乡，故乡？心若安处便是吾乡。

　　我们和苏州相遇的那一刻，是因为梦想、缘分、选择、陪伴，还是依靠呢？无论哪一种，都是一个故事的开始，一段记忆的源头。那些陪伴过我们的旧物件，见证了岁月；那些温暖过我们的旧时光，升华了记忆。

　　我们所寻找的苏州记忆，终究是属于每个人的。出生、成长、老去；亲情、友情、爱情；耕耘、奉献、收获。每个人的片刻，成就了一座城的永恒。

　　这是一场怀旧，却不只为了停留与恋旧。

回望来时的路，当你重拾初心，发现遗失的美好，丈量过梦想的距离，你终会明白：曾在苦难时不惧艰辛，就会在幸福中珍惜当下；曾在贫困中学会勤俭，就会在富足中恪守勤俭；曾在落后时奋起直追，就会在进步时居安思危。你也终会明白：家在苏州，所以扎根苏州。为之奉献的汗水、智慧和光阴，哪怕点滴，都会伟大而不朽。在中国梦的苏州篇章中，注定有我，也有你。

第二章 寻找苏州城市记忆，聆听百姓故事

——苏州革命史迹寻访集（2015—2018）

80 年前的调查　80 年后的展览

1936 年 7 月，一个年轻人在吴江的一个村子休养期间，对该村展开了一个多月的实地调查。随后，这个年轻人只身前往英国伦敦经济学院攻读人类学博士学位。2 年后，他据此调查撰写的博士论文《开弦弓，一个中国农村的经济生活》获得通过，并于翌年出版了《江村经济——中国农民的生活》一书。

历史的际遇就是这么奇妙。谁又能想到，这个村子和这个年轻人都会因这次不经意的调查而不再普通、不再平凡呢？

这个村子叫开弦弓村，是江南鱼米之乡中一个不起眼的村落，但随着《江村经济——中国农民的生活》的一版再版，江村就成了开弦弓村的学名，成为社会学、人类学学子心目中农村社会调查的"圣地"。而这个年轻人就是后来的中国社会学、人类学泰斗费孝通教授。江村调查开启了费孝通一生所倾力的乡土中国研究，正如费孝通本人坦言，"江村是我有意识地观察我国农村社会和文化的起点，它也就孕育了我一生的学术思想"。

当历史的车轮抵达2016年，时值中国共产党成立95周年之际，在苏州市委组织部、市委宣传部和市委党史工办的大力支持下，苏州革命博物馆于同年7月举办了"纪念中国共产党成立95周年——巨变·百姓记忆"的展览。半年多来，我们一直在规划展览内容，收集实物资料，琢磨展览手段。在这过程中，我们意外地发现此次布展与"江村调查"竟有些相通之处。费孝通实地调查、服务桑梓的精神值得我们借鉴和学习。

绝知此事要躬行

回望20世纪上半叶，当时的中国内忧外患、动荡不安，为挽救民族危亡，爱国知识分子不再困于经史、坐而论道，而把眼光投向中国的现实，寻求适合中国的救国救民之路。落后、贫困而又蕴含巨大潜力的农村成为他们目光的焦点。他们纷纷到农村去，探索中国农村的现代化，取得实地调查资料。这其中包括毛泽东的《湖南农民运动考察报告》、梁漱溟的《乡村建设理论》、

● 费孝通在江村

● 江村的纺纱老人

行渐悟

——苏州革命史迹寻访集（2015—2018）

晏阳初的《农村运动的使命》，也包括费孝通的《江村经济——中国农民的生活》。

在江村，费孝通一方面通过观察，获取乡村的社会组织、生产方式、民风习俗、民间信仰、人际关系等丰富的资料；另一方面通过访谈，尤其是对乡绅、村长[①]等熟悉村中情况的人群进行访谈，获取更为系统、周密和深入的资料。正是这些鲜活翔实的第一手资料促使费孝通从中国历史和国情出发来思考中国农村的出路，将先进的工业文明植根于乡村，以此改造和重建乡土。

● 苏安新村的惠春杂货店

该杂货店服务了周边居民20多年，现因种种原因而关闭。我们的相机定格了老人合上塞板的瞬间。

我们的展览也力求以第一手资料来展现老百姓眼中的苏州风貌。为此，我们或背起相机，拍摄古城小巷、老新村，探访各行各业，采访当地居民，生动地反映苏州人真实的生活状态；或在全市征集百姓身边看似寻常却带有鲜明时代特色、独特苏州烙印的物品，以小见大地反映苏州时代的变迁；或有重点地采访颇具代表性的人物，通过他们的所见、所闻、所感，具体而深刻地了解苏州历史的细节。这些资料既非冷冰冰的数据，又非居高临下的定性，而是具体的、细节的、鲜活的、充满人情味的史料。它们原汁原味地展现着百姓的生活，生动而形象地反映着时代的变迁，弥补着宏大叙事抽象、冷硬等不足之处。

---

① 民国时期的旧称。

情系桑梓别样深

江村虽然是江南普通的村子,但是对费孝通而言,江村是有着特殊意义的。费孝通生于吴江,而同属吴江的江村不仅是家乡,也是他的姐姐费达生工作了10多年的地方。费达生和她的同事们怀着无比的热忱,从1923年开始在江村从事养蚕技术的普及工作。费孝通从姐姐的书信和谈话中了解了江村的生产、生活情况。连年的军阀混

● 古城小巷附近的居民

战、兵祸匪患给曾经富庶的江南农村带来了巨大的灾难,世界经济危机更使中国的农业雪上加霜,农民苦不堪言。费孝通对家乡农民困苦的境遇深表同情,迫切希望"救济农村,振兴农村",帮助乡亲走出贫困。这种使命感和责任感不仅贯穿于费孝通对江村的调查,也贯穿于其后期的研究工作。正如费孝通所说,"我从早年立志认识和改造中国社会,可以说,一生的心思没有离开过农村和农民。推动我一生学术工作的主要动力,就是希望为农民富足、农村兴旺、中国强盛做点实事"。终其一生,费孝通始终关注农民,关注民生。

同样,我们对苏州也是饱含深情的。我们或是生于斯、长于斯的老苏州人,或是在这邂逅爱情、追逐梦想的新苏州人。对我们而言,苏州是独一无二的,因为它与我们过去的经历、未来的憧憬紧密相连。我们希望通过展览来回忆城市过往,感受苏州发展,共创美好未来。现代社会学家普

遍认为共同经历、共同命运有助于集体身份的形成。在这里，你可以重温童年、青春、奋斗的美好，回忆共同的经历；在这里，你可以踩着小巷的青石板，体验软糯吴语，翻看家书家训，追寻共同的文化根源；在这里，你可以体会苏州近年来一日千里的变化，感受付出的喜悦，憧憬共同的目标。这一切都旨在强化观众"苏州人"的身份认同和"家在苏州"的情感依赖，增强共建美好苏州的凝聚力和向心力。

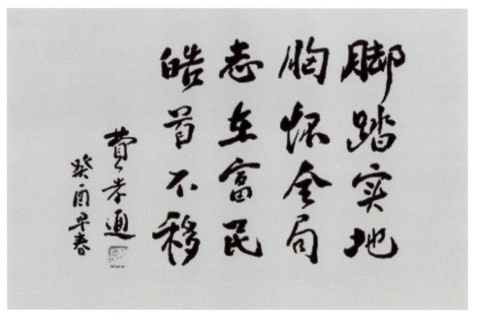

● 费孝通诗文的手稿
这是费孝通写的一首诗，也是对他一生的精辟总结。

80年前，费孝通走进了江村；80年后，我们诚邀您走进苏州革命博物馆，与我们一起"寻找苏州城市记忆，聆听百姓故事"。

一个调研挽救了一座古城

1986年6月13日,《国务院关于苏州市城市总体规划的批复》(国函〔1986〕81号)正式下达,"全面保护古城风貌"确立为苏州城市建设方针。30多年来,泛黄的批复静静地躺在故纸堆里,殊不知,简单的一句"全面保护古城风貌"承载了多少人的心愿和期盼,又凝结了多少人的艰辛和付出。2016年,时值吴亮平先生逝世30周年、匡亚明先生逝世20周年之际,谨以此文纪念两位先生为苏州古城保护所做出的巨大贡献。

苏州古城何去何从

苏州古城始建于公元前514年,系春秋时期吴王阖闾命伍子胥"相土尝水,象天法地,造筑大城"。苏州古城历经2500多年,历朝历代都积累下了丰富的历史文化遗产。

渐行渐悟
——苏州革命史迹寻访集（2015—2018）

中华人民共和国成立后，党和政府虽然大力抢救了一批园林和文物古迹，但片面地发展工业，在市区内兴建许多严重污染环境的工厂，以致环境日益恶劣，文物古迹惨遭破坏，风景名胜减色。中国著名古建筑园林艺术学家、上海同济大学教授陈从周、著名作家邓云乡等人在"文化大革命"后造访苏州，无不感到遗憾，发出"救救苏州"的呼声。

苏州古城到底该何去何从？是继续片面执行生产性城市方针，发展重工业，还是保护古城，发展旅游业。答案是不言而喻的。但是对20世纪70年代末80年代初的人们来说，他们刚刚经历过"大跃进""文化大革命"，思

● 被破坏的玄妙神像

● 横塘普福桥
明朝万历年间修造，1969年拆除。

● 怡园、嘉余坊一带
这些商铺为民国时期建筑，1978年因拓宽路段被拆除。

想还停留在大炼钢铁、"工业学大庆"等层面,很难认识到保护古城的重要性。例如,1977年拟定的《苏州市城市总体规划》依然要求把苏州建成大庆式城市;1979年苏州市政府对《苏州市城市总体规划》进行了修改,提出要保护和改造老城区,建成风景旅游城市。但据当时文件的显示,很多人仍心存疑虑,既担心影响生产、财政收入、就业等,又担心保护和维修园林花费巨大,财政无法负担。苏州古城的保护依旧止步不前。

苏州古城保护的转机

1981年10月,时任全国政协常委的吴亮平同志,以及时任江苏省人大常委会副主任、南京大学校长的匡亚明同志等人到苏州开展调查研究。吴亮平、匡亚明等人发现,苏州长期以来对自身城市特质的认识和把握不够准确恰当,没有按照城市的特质发展相应的经济,导致其环境污染严重、城市建设欠账突出、

● 吴亮平、匡亚明发表于1981年12月16日《文汇报》的文章《古老美丽的苏州园林名胜亟待抢救》
文章分为"苏州园林是祖国的瑰宝""触目惊心的严重破坏""关于紧急抢救苏州园林名胜的建议"三大部分,以此呼吁社会大众予以重视,并积极参与苏州园林的抢救工作。

园林古迹损毁严重。他们一面在《文汇报》上发表《古老美丽的苏州园林名胜亟待抢救》的文章,呼吁社会大众重视和广泛参与;一面将调研成果向中央汇报,争取国家政策和资金的支持。

11月,吴亮平等人将《关于苏州园林名胜遭受破坏的严重情况和建议采取的若干紧急措施的报告》呈送至中央,并给中央领导写信。《中央书记处会议参阅文件〔1981〕8号》《中央书记处会议参阅文件〔1981〕9号》刊登了中央领导对该报告的批示,邓小平批示要求"此件转江苏省委研究,采取有效措施,予以保护"。胡耀邦批示:"不论是近期的建设方针,还是远期的建设方针,都要实事求是,讲究实效,都要靠苏州市的各级党组织和全市人民以奋发图强、自力更生的革命精神加以实现。"

● **京杭大运河苏州段**
苏州除城区运河故道(含山塘河、上塘河、胥江、环古城河)、京杭大运河苏州至吴江段等河道之外,盘门、山塘历史文化街区(含虎丘云岩寺塔)、平江历史文化街区(含全晋会馆)、宝带桥、吴江古纤道等7个遗产点段一并列入中国大运河申报世界文化遗产名录。

根据中央领导的批示，中央和江苏省委组成联合调查组，于1982年1月底到达苏州。调查组深入现场观察、踏勘，并分专业召开了多种形式的座谈会。在摸清苏州古城保护存在的问题后，调查组写了一份《关于保护苏州古城风貌和今后建设方针的报告》，并上报国务院。国务院于5月12日对该报告进行了批复，在政策和经费上给予大力支持，中央和江苏省委分别给予补助5 000万元。

1982年2月，苏州成为国家首批历史文化名城之一。次年2月，邓小平到苏州调研，再三叮嘱要保护苏州古城："要保护好这座古城，不要破坏古城风貌，否则，它的优势也就消失了。要处理好保护和改造的关系，做到既保护古城，又搞好市政建设。"

得益于中央领导的关心支持、文化名人的奔走呼号，苏州古城的保护工作才出现转机。保护古城成为全市人民的共识，苏州全面启动文物古迹、园林名胜和古建筑的大普查，制定市文物保护单位名单和控制保护建筑名单。在此基础上，针对苏州城市的总体规划渐渐地酝酿成形。

古城保护列入总体规划之中

1986年6月，正值苏州纪念建城2 500年之际，《国务院关于苏州市城市总体规划的批复》，明确了苏州是我国重要的历史文化名城和风景旅游城市，确定了城市建设方针，即"全面保护古城风貌，积极建设现代化新区""要在保护好古城风貌和优秀历史文化遗产的同时，加强旧城基础设施的改造，积极建设新区，发展小城镇，努力把苏州逐步建成环境优美、具有江南水乡特色的现代化城市"。之后，苏州市政府两次启动《苏州市城市总体规划》

修订，目前，最新的规划仍在修改中。①但是，无论城市规划如何调整，保护古城的原则始终不变。

在《苏州市城市总体规划》的指导下，苏州古城的保护工作卓有成效。2014年6月22日在卡塔尔首都多哈举行的第38届世界遗产大会上，中国大运河申遗成功，成为我国第46个世界遗产项目。其中苏州共有4条运河故道和7个点段列入《世界遗产名录》，苏州也因此成为运河沿线唯一的以"古城概念"申遗的城市。

● 相门城墙

如今，漫步于环古城河健身步道，芳草萋萋，粉墙黛瓦的苏式建筑环绕周围，远处的相门城墙古朴巍峨，诠释着苏州古城的魅力。静静流淌的运河既诉说着当年建城的不易，也欣慰于两位先生的心血并未白费。

---

① 2016年7月26日，国务院正式批复《苏州市城市总体规划（2011—2020年）》，并于8月2日发布。本文成稿于2016年5月，最新的城市总体规划已于2017年8月28日启动，即《苏州市城市总体规划（2040）》。

● 环古城河健身步道

第二章 寻找苏州城市记忆，聆听百姓故事

这位姑娘,你让我们看懂了"80后"的苏州情怀!

她叫宋扬,是个土生土长的"80后"苏州姑娘。她给人的第一印象是清瘦、温和、安静。虽然名中带"扬",她却不带半点张扬,"清扬""悠扬"更贴合她的气质。与她相识,源于一组别具一格的婚纱照和配文。

● 宋扬与她丈夫的婚纱照

用生活去改变生命。

城中市井，汇之所有生活。

无遮无碍，容下所有喜怒哀乐。

若逝去的仅仅是一座祠，

残瓦青砖下，留下一种生活。

那里有你的倔强和我的亭亭玉立。

——宋扬

这些年，新人们的婚纱照总是越拍越梦幻，诸如"韩式唯美风""欧美宫廷风"，或是马尔代夫、爱琴海的旅拍风格。而这位苏州新娘，非要在苏州小巷的晾衣绳下、扰攘的街边菜场中、拆迁的桃花坞工地上拍摄她人生最重要的一组照片！她是怎么想的呢？莫非是为了追求独树一帜才摒弃华丽的摄影棚，投奔平凡的市井中？

我忍不住向认识她的同学打听，谁知还有一件事情令我吃惊不小。原来，她是英国牛津布鲁克斯大学建筑学专业毕业的海归，刚回国就在上海的外国建筑公司就职，近几年又回到苏州，进入园区一家设计集团，做着收入不菲的建筑师工作。而她的婚房，竟然不要新房子，不要大房子，一定要古城区小巷的旧房子。这又是怎样的初衷呢？现在的年轻人，只要条件允许，不是都爱花园洋房、精致公寓、科技大平层的嘛！定居古城狭窄的小巷中，着实令人有些难以理解！

如果放在几十年前，住在小巷里是再正常不过的。"80后"一代的童年，也少不了小巷生活的记忆，那里确实充满了质朴而温暖的气息，也有着不同于现代都市快节奏生活的一面。可渐渐地，或因拆迁，或因改善买房，大家都陆续离开了。对于年轻人来说，小巷似乎是属于过去的，属于"老苏州"的，甚至是属于有些落寞和冷清的地方。可她为何要回去？海归不是都很"洋气"的嘛！

然而，当我在互联网上看到她上传的装修照片时，内心仿佛被什么触动了一下，那些悬在心头的疑问也似乎有了答案！透过一张张照片，我仿佛置身其中，任阳光透过花窗，留下拉长的剪影，延伸出满屋子的古色古香。书

● 书房的一角

阳光透过花窗，留下拉长的剪影，延伸出满屋子的古色古香。

● 卧室窗外斑驳的墙

这是宋扬特别喜爱的家中一景。

● 宋扬在咖啡店接受采访

房墙上的两卷立轴书法,其中"姑苏城外寒山寺""君到姑苏见,人家尽枕河"几个字最早映入眼帘,辰光氤氲中全是姑苏的气息。庭院是青砖小瓦,有嫩竹,也有小鱼在铺着鹅卵石的池塘里嬉戏。窗外是斑驳的白墙,仿佛正在讲述着小巷的往事。

有意思的是,如今我和她也成了朋友。很久以来,我的内心都藏着一个疑问,到底是什么成就了她这份"特别"?于是,3月里某个阳光明媚的中午,我们相约在金鸡湖边的一间文艺咖啡店,进行了一次采访式的对话。对话中,这个纤瘦斯文的姑娘才向我娓娓道来,那个关于她成长的故事,以及她对苏州的眷恋和深情。

异国学子的姑苏情怀

我在英国留学5年。出国后,家对我的意义就变得不一样了,尤其是我的家乡——苏州，她是那么的特别，不在她的身边，她却成了我的精神支柱，每每想起就很温暖，充满力量！有时候，我是多么希望推开窗就能看到家门口的芭蕉树，想吃一小碗鸡头米，放桂花的那种。离开的日子，我才感觉对这座城市的感情是那么的浓烈，那时我就下定决心，今后我会回来，在苏州工作、结婚，住在小巷里，出门就能吃到生煎包、小圆子，巷子里有烟纸店、裱画店、旧式家具店，附近有菜场、花鸟市场。小巷偶尔嘈杂，但夜晚很静。就这样，我的心才有处安放。

私人定制的婚纱照

我真实的生活是婚纱照最好的私人定制，这样的照片才是真正有个性的，即便很多年以后，我也会想翻看它。我去桃花坞拆迁现场拍摄婚照，是出于这样的考虑：对于古城的老街、老房子来说，它的保留、更新、修缮，或者拆除，都是它故事的一部分，跟血肉之躯一样从盛年到老去。我并不悲观，更希望参与到它完整的生命中，与它一同更新。希望我深爱的苏州小巷，在经历着变迁的时候，我能在场。因为那些消失的和留下的东西都是城市更新的必然结果，我们可以什么都不做而只是去期待，也可以尽力让它在以后的日子里变得更好。其实，如果那些老街有生命，那么这几千年的光阴，它什么没见过？它早已比你我睿智千万倍，与其惋惜它的改变，不如陪伴它，和它一起老去。

小巷里家的温度

这座老房子是我先生家的，我们买了新房给他的父母住。这样的决定也曾遭到身边人的质疑：有人说，古城交通不够便利，小巷空间小、人口密集，但我觉得生活品质与生活地点没有关系，我真心喜欢这里，就会觉得幸福。我还想，如果我不住在这里，回古城的机会一定更少，我的内心是不愿意和原本的苏州脱离的！新建的高楼也许文化氛围很好，但它放在任何一座城市可能都是一样的。苏州古城不同，它的每一条街巷都是无法复制的！在小巷生活，过去的美好记忆常常会涌现出来，和我的情绪相呼应，有交集。

成长中的"小幸福"

我生长在一个书香之家,有意思的是,从小我读的最多的是外国文学,后来又去国外念书,学的都是西方建筑。但是,当中西方文化在我心中交会时,我会不自觉地做出一种选择——最爱的还是极具中国江南特色的苏州。从小,我住在定慧寺巷,生活范围南到十全街,北到观前街,我喜欢这里的一切,我觉得苏州的特别之处其实就是"小幸福":无须太多的金钱,也未必功成名就,但心中既平静又安逸,既知足又满足。我想唯有为生活努力、奋斗过后,才会更有追求"小幸福""小日子"的回归。小时候,我常常坐在爸爸的自行车后座,穿过各种小巷。记得有年秋天,我见过巷子里有位中年人,端个凳子坐在家门口,优哉游哉地吃一只螃蟹,市井人生,有滋有味,这就是"小幸福"。苏州人家,男人会买菜做饭,就像我的爸爸拣菜、剪虾须、杀鱼、炒菜的样子,特别暖人,这也是"小幸福"啊!

建筑师的视角

随着城市的发展和人口的增长,人们对生活环境、交通出行等方面的需求不断在提升,苏州古城不可避免地会面临很多问题。我个人觉得,在苏州,政府也好,文化工作者也好,在平衡古城的保护和发展问题上都已尽了最大的努力,城市能够有今天的状态,已实属不易了。作为建筑师,我身边有很多同事、朋友都非常向往古城的生活,毕竟文化、历史有无法取代的特色和魅力。有很多例子都能证明,通过对古城房屋的修缮、设计、内部改造,都能达到生活舒适的目的,比如现在的平江路,比如我自己的家。回国后,我就开始对苏式建筑产生浓厚的兴趣,目前我参与设计了"新苏式"风格的斜塘学校,以及"纯苏式"风格的吴江盛家厍历史街区等项目。为此,我还专门找专家咨询、找历史照片,付出了许多汗水,也学到了很多知识。如今,我能为自己深爱的城市做这些事,真的感到幸福和满足。

老先生的古城生活

● 清州观前

这条小弄堂就在繁华的观前街北面、玄妙观的东边。苏州老字号"采芝斋"的创始人金荫芝就曾住在这里。作为古城中心,这一带还保留着许多传统的苏州老巷,诸如洙泗巷、山门巷等,平江路也在附近。

老先生是一位学者,学贯中西,兼通文理,可是一直没有工作。几十年前,南京大学的校长曾派人来请老先生出山,老先生倒不怎么在乎待遇,却提出了一些工作环境方面的要求,南京大学无法达成,无奈作罢。几十年来,老先生一直住在一条名为清州观前的小巷里,和妻子、长子一家一起生活。这是一幢两层的老宅,老先生管它叫"初照楼"。

老先生虽然年纪大了,但是身体很好。每天上午,只要不下雨,老先生都会沿着临顿路,经过马津桥,穿过干将路,去定慧寺的茶室喝茶。他总是挂着一根拐杖,但腿脚很利索,走路很快,不输年轻人。

● 初照楼

老先生的房间位于老宅的东边。起这个名字,究竟是取旭日初照之意,还是应"江月何年初照人"的古韵,老先生没有明说。他不太在意别人的想法,见仁见智吧!

● 清州观前旁的河道

小河的另一边就是临顿路。苏州曾经有很多条小河,但随着城市的建设,不少都消失了。留存下来的小河,仍寄寓着水城的灵魂。在钢筋混凝土的城市中,偶尔从小河边走过,紧绷的心绪也能得到片刻舒缓。

——苏州革命史迹寻访集（2015—2018）

● 马津桥

该桥位于临顿路和干将路交会处。1992年，为了改善交通，苏州启动了干将路改造工程，1994年9月28日竣工。原本狭窄的小路，变成贯通古城、连接工业园区和高新区的城市主干道。2012年4月28日11点18分，苏州地铁1号线正式通车，涵盖干将路全程。

● 定慧寺旁街巷里的石板路

过去，苏州很多小路都是用这种石板铺成的，现在大都变成了更为平整的水泥路或柏油路。这种石板路慢慢从人们的视野中消退，却留在了很多苏州人的回忆和情怀中。

● 双塔

该塔隐于古城中心，又称"姑嫂塔"，是全国重点文物保护单位，作为园林向公众开放。园林不大，卖着便宜的门票，是个探幽寻趣的好去处。

● 碧螺春

苏州地产名茶，它深受苏州人的喜爱。老人们闲下来，就喜欢泡在茶室里，点上一杯碧螺春，和朋友们"讲讲张"（聊聊天）、下下棋、打打牌。茶室之于老人们，相当于咖啡馆之于小年轻。只不过，咖啡馆要的是格调，可茶室却既能发发呆，又能"轧闹猛"（凑热闹）。

行渐悟
——苏州革命史迹寻访集（2015—2018）

上午的时光，老先生都是在定慧寺的茶室里度过的。他一般不跟其他茶客闲聊，往往是泡一杯碧螺春或者龙井，静静地坐着，读读书，或者看看报。有时候，会有一些后辈慕名前来拜访他。这时候，老先生就会很开心，听听他们的想法，也说一些自己的学术观点和对时事热点的看法。

中午，老先生依循惯例会在家里午休一段时间。如果不是周末，午睡之后，他会去观前街逛逛，去"采芝斋"楼上的茶室坐坐，因为那个茶室经常

● 观前街上的"采芝斋"
该店是苏州老字号的糖果店，有100多年的历史，主营各种苏式糖果，尤以粽子糖远近闻名。店铺的二楼可以喝茶，还有评弹演出。观前街上的百年老字号，除了"采芝斋"外，还有"黄天源"糕点店、"三万昌"茶楼等。

● 苏州古旧书店
该书店位于人民路乐桥北堍、苏州文物商店旁，以经营新版古旧书、美术书籍和文艺类书籍为主，是苏州人经常光顾的地方。在书店里细细地翻找，经常能收获惊喜，发现一些很有价值且在其他地方又很难找到的书籍。

会有评弹演出。他也经常去观前街最西边的食品商场，买各种各样的零食，"杀杀馋虫"（解一解馋），也能回去哄哄孙子。他喜欢去的地方还有书店，观前街上有两家书店，一家是新华书店，另一家是苏州古旧书店。不过，后来他去的少了，因为书越来越贵了。逛完街回到家，吃完晚饭之后，他喜欢读书，到了繁星点点的时候，就卧榻而眠。

如果是周末，那么老先生的女儿就会带着孩子过来玩，于是，下午就热闹了。每隔一会儿，老先生就会在房里喊一声，然后孙子和外孙就会"噔噔噔"地跑上楼梯，进到房里，站在老先生面前。他总是会晃一晃手里的零食袋，得意一笑，亲切地说："伸出两只脚（手）！"两个小孩就会摊出两只手，等他倒出一点点零食。每次给的零食必然是不多的，大概是因为老先生很享受孙辈们一趟趟地跑到自己面前、一次次伸出两只手的乐趣吧。晚上，老先生是要请客的，吃饭的地方有很多，可两个小孩最喜欢的还是肯德基。其实，老先生虽然在很多地方都注重养生，但对于这种来自大洋彼岸的炸鸡，也是很嘴馋的。

这些事，发生在20世纪末到21

● **朱季海先生**
老先生是章太炎先生最年轻的弟子，曾在章太炎先生的国学讲习所担任主讲人，国学造诣精深，著有《楚辞解故》《南齐书校议》《庄子故言》《初照楼文集》等著作。因各种原因，老先生几乎没有参加工作，所用开销均来自家庭其他成员、学生和政府的资助，虽生活清贫，但乐观通达，怡然自得地享受古城的生活。老先生以其"自由之意志"，走完了精彩的一生。

世纪初。然而时移世易，定慧寺的茶室已经没有了，孩子们零食的种类却越来越多了，各种洋快餐的门店遍布苏州的大街小巷，两个孙辈都长大成人并有了自己的孩子。2011年的冬至夜，老先生在梦中安详地离开了人世。

"江畔何人初见月，江月何年初照人？人生代代无穷已，江月年年只相似。"有些事情一直在改变，回忆中有很多美好的事物不断在现实中消逝，但是新的、同样美好的事物也在不断地涌现，为我们带来了幸福和快乐。逝去的斯人、斯物，就让他们留在我们的记忆中，让这份美好保存下去吧！

第三章
追寻革命足迹,重温苏州城市记忆
——乐益女中的往事

这不是一所最出名的学校,但对于苏州来说,却有着特殊的意义——它是中国共产党在苏州的起点,也是古城中心的"红色摇篮"。它的往事,是包容的、进步的,也是斯文的、甜美的。甘苦其中,回味无穷。

乐益女中[1]的不凡往事

2017年，苏州革命博物馆寻访小组接到了一个新任务，即寻找苏州一所已经消失的中学。因为那里有一个盛名远扬又谦和淡泊的大家族，还有一段鲜为人知却值得铭记的红色记忆。

合肥张家与乐益女中

这所中学叫作乐益女中（今苏州市体育场路4号）。它由何人创办？又藏有怎样的故事？

乐益女中由民国著名的教育家张冀牖所创办，你也许对这个

● 乐益女中

建校之初，乐益女中的大门为罗马立柱式辅以拱门，高高的门楼有西洋浮雕，中间一个大五角星，映衬着一行书法小字：乐益女子中学校。

---

[1] 全称苏州私立乐益女子初级中学。

行 渐 悟
——苏州革命史迹寻访集（2015—2018）

● 张冀牖（1989—1938）

名字还不熟悉，但你一定听过"九如巷四姐妹"的故事；或许你对沈从文和周有光的故事更了解一些。张冀牖是"四姐妹"的父亲，是沈从文、周有光的岳父，其祖父是清末淮军将领张树声，膝下连同"四姐妹"共10个子女，他们全部毕业于中国名牌大学。五四运动后，张冀牖接受了不少新思想，深知教育尤其是女子教育的重要性。1921年，他变卖部分家产，独资兴办乐益女中。

● 张家十姐弟（前排左起：充和、允和、元和、兆和；后排左起：宁和、宇和、寅和、宗和、定和、寰和）

● 乐益女中旧址

乐益女中与中共苏州独立支部

乐益女中的名字，取"乐观进取，裨益社会"之意。张冀牖办学开风气之先，领时代之新，虚心求贤。有人说，乐益女中的校董、师生，几乎影响了整个近代史！张一麟、丁景清、匡亚明、张闻天、胡山源、葛琴、黄慧珠、上官云珠、许宪民、叶至美，以及张家四姐妹。而张家往来的朋友，其名也个个听来如雷贯耳——蔡元培、马相伯、叶圣陶、巴金、萧乾、闻一多、朱自清、钱钟书……

走进位于苏州市体育场路4号办公楼内的院子，显然昔日的校园已不复存在。一位在此地生活了30多年的金先生告诉我们，院子里的这棵松树是当年乐益女中办学时期栽植的，如今它已经成为这所中学的见证了。

● 乐益女中旧址内仅存的松树

在乐益女中旧址的大门前，一块石碑上刻有：

中共苏州独立支部于一九二五年九月在原乐益女子中学成立，成员有叶天底、侯绍裘、张闻天。

特此勒石，以志纪念

中共苏州市委员会
一九八八年九月立

别看这块石碑不大，它却揭示了苏州一段风起云涌的历史！其开端，正是来自乐益女中！

● 寻访小组在乐益女中旧址门前合影

原来，当年乐益女中的创始人张冀牖求贤若渴，大胆延揽人才。1924年，江浙军阀混战，乐益女中被迫迁至上海宝山路宝通里。同时，上海松江景贤女校（以下简称景贤女校，后改名上海松江景贤女子中学）也临时在此地办学。景贤女校里有个年轻的教务主任叫侯绍裘，此人朝气蓬勃、思想新潮，给张冀牖留下了深刻印象。1925 年，乐益女中迁回苏州后，张冀牖专程赴沪正式邀请侯绍裘到乐益女中担任教务主任，兼国文教师。而此时，侯绍裘的身份除了教师之外，还是一名共产党员。

侯绍裘接到苏州任教邀请的同时，接受了中共上海区委的委派：针对中共苏州支部名存实亡的状况，在苏州重新建立党组织。随后，侯绍裘邀集共产党员张闻天以及共青团员张世瑜、徐镜平等人一起来苏州任教。侯绍裘、张闻天与已在乐益女中任教的中共党员、中国社会主义青年团创始人之一的叶天底取得了联系。1925 年 9 月初，中国共产党在苏州最早发挥作用的党组织——中共苏州独立支部在乐益女中正式建立。叶天底担任中共苏州独立支部书记兼组织委员，侯绍裘因事务繁忙未担任具体职务，张闻天担任宣传委员。中共苏州独立支部的建立，揭开了苏州人民革命斗争的新篇章！

九如巷 3 号与乐益女中的往事

为了了解当年中共苏州独立支部建立和活动的细节，我们打算去附近的张冀牖故居看看。

九如巷 3 号是张家的旧居，原来从此处至乐益女中，都是张家的宅地。我们从体育场路 4 号步行 5 分钟至此，门前的木牌提示我们：张家到了！

因为不曾预约，又担心冒昧打扰，我们迟迟未按响门铃。原本只是想在门口留影，待日后与张家后人联络再进行采访。未料，正当大家纠结之时，门忽然开了！一位优雅、慈祥的银发老人走了出来，见家门口站了不少人，竟全无吃惊的神情，只是面带微笑地看着大家。其实，寻访小组的成员都读过不少关于张家的材料，此时却没反应过来，原来站在大家面前的正是张冀牖的儿媳——周孝华老师！

● 张冀牖故居

● 张以迪先生热情地为寻访小组讲述历史

周孝华老师正要出门，得知我们想要了解一些关于乐益女中和中共苏州独立支部的故事，便立刻转身找来儿子张以迪先生接待我们，并真诚地说："我的学生在等我，要出去一趟，对不起，对不起了！"这两句"对不起"，让我们感慨了好久！周孝华老师是张家五弟张寰和的夫人，是"四姐妹"的弟媳，也是极受张家后人尊重的五舅妈。她这般谦逊和蔼，让我们还未进门便受到了来自张家人的礼遇。

踏入这方小庭院，古井、花木、盆景以及略显陈旧的屋舍，看似随意，却处处显露出主人的品位。张以迪先生热情地为我们讲述了那段尘封已久的历史，他比画着乐益女中原本的样子，大致指出了晴雨操场、网球场、教学楼、小花园等位置。

他说，自己身后的位置原本是张家大门的所在之处，当年沈从文上门求见三姑妈张兆和也是从这里进来的……原来流传了半个多世纪的"乡下人喝杯甜酒"的爱情故事，正是源自这个院子啊！

张以迪先生说到了"民国闺秀"——他的四位姑妈，也介绍了很多他父亲张寰和的往事，他提到院内的那棵松树就是其父所栽。当谈到中共苏州独立支部时，他指出，当年中共早期的革命领导人，有不少都来过这里，如：恽代英、萧楚女都和爷爷张冀牖探讨过教育理念；侯绍裘、叶天底、张闻天都曾是他几位姑妈的老师，那时候，当侯绍裘和叶天底牺牲的消息传来时，姑妈们都很悲痛；后来成为著名教育家、思想家的匡亚明，早年跟着爷爷张冀牖学习古文诗词，后来参加革命活动遭受胁迫撤离时，张家人借了辆自行车送他走，还赠予他路费。匡亚明一直将这件事埋在心底，多年后也曾来过这个院子看望张家人。

交谈中，张以迪先生唏嘘地感慨，一代人就这么过去了。是的，时光不复返，一代人过去了，但是作为晚辈的我们应该努力记住些什么，记住一个大家族世代的斯文,更要记住一些人在风云激荡的岁月里选择了一种信仰。于是,用生命捍卫生命,用尊严守卫尊严,用不屈的精神矗立不朽的古城丰碑。关于他们的故事,我们将继续追寻!

不知不觉,打扰了张先生近1个小时。离开时,我们望见院中紧靠墙边的月季不疏不密,装点着这堵斑驳的墙,很是雅致。上面的花儿刚好开四朵,仿佛"张家四姐妹"和乐益往事从不曾远去!

● 张冀牖故居院中盛开的月季

忍不住的关怀，舍不了的初心

—— 苏州建党先驱侯绍裘

历史学家杨奎松曾言：凡少年书生，越是血气方刚，就越是关心社会大众的境遇和国家民族的命运，也就越会多一份良心的驱使和救国救民的沉重责任。早年诸多以身殉义的革命者，诸如邹容、陈天华、吴樾、秋瑾、徐锡麟、林觉民等，他们原本只是学生、教师或报人，亦大都是前途无量的年轻书生、文人。他们未必最适合投身于政治斗争，但这是一种忍不住的"关怀"。

确实，因为不能忍，康有为、梁启超发起了公车上书；因为不能忍，孙中山等人领导了辛亥革命；因为不能忍，陈独秀等人创建了中国共产党。自近代以来，一批批学生、学者牺牲自己的学业、前途、家庭，甚至生命，身体力行地去救国救民，侯绍裘就是其中一位。家境殷实、境遇良好的他，由于十分关怀风雨飘摇中的国家和身处

行 渐 悟
——苏州革命史迹寻访集（2015—2018）

● 侯绍裘（1896—1927）

水深火热中的民众，选择了一条充满荆棘的不归路，让自己的生命永远定格在31岁。时值2017年，谨以此文纪念侯绍裘烈士牺牲90周年。

热血少年的自发关怀

侯绍裘，生于江苏省松江县（今属上海市）。这一年，甲午战争的硝烟未散，《马关条约》使中国的半殖民地化大大加深，曾经富庶的江南农村逐渐沦为列强的商品市场和原料基地，日渐凋敝。

1909年，侯绍裘考入华娄官立高等小学堂（今上海市松江区中山小学），这是松江第一所新式公立小学。侯绍裘接触到西方自然科学和政治学说，受到了民主主义思想的启蒙。1913年春，侯绍裘考入江苏省立第三中学（今上海市松江第二中学）。该校有不少教师曾是同盟会会员，向学生传播民主主义、辛亥革命等思想。

然而，辛亥革命未能挽救民族危亡，"城头变幻大王旗"，民主共和终成泡影，孙中山甚至指出，"政治上、社会上的种种黑暗比前清更甚，人民困苦日甚一日"。目睹了北洋军阀统治下四分五裂的国家，以及人民生活的每况愈下，侯绍裘常想：我中国物产之富，亦可见一斑矣，乃贫若斯！其故当别有在。在对国家和民众的深切同情下，侯绍裘苦苦思索着国家落后、民众贫苦的根源。

进步青年的自觉关怀

1918年8月,侯绍裘考入上海南洋公学(今上海交通大学),攻读土木工程专业。次年,五四运动爆发,各地纷起响应。侯绍裘积极投身其中,并领导了上海的学生运动,担任上海学联教育科书记、全国学联文牍等职。正是在这场中国工人阶级以独立姿态登上历史舞台的运动中,侯绍裘深切地感受到了蕴藏在工人阶级中的强大力量。

● 侯绍裘所写的论文《我的参与学生运动的回顾》,发表于《学生杂志》1923年第10卷第1号

侯绍裘在《我的参与学生运动的回顾》一文中回忆道,"群众的势力,更使我的精神紧张",对比"一些商人的唯利是图,知识界有些人的投机政客作风……惟(唯)有劳工阶级在我那时的心目中,是恳挚笃实,可与共事的"。

这年暑假,侯绍裘和同学创办了南洋义务学校,自任教务主任。该校招收附近的工人、店员、小手工业者和少数农家子弟，教授文化知识，宣传"劳工神圣"思想，致力于把学生培养"成为劳工运动中之中坚人物"，希望学生出校之后，"譬如也去开设义务学校，组织工会及工人俱乐部等"；"务使该校学生一人，能造就劳动界数十百人，因（而）为社会主义效力，以谋阶级地位之提高"。

此后，侯绍裘还创办了《问题周刊》《松江评论》，创办了上海松江景贤女校，宣传民主、革命思想。侯绍裘大力宣传马克思主义。他指出，中国的问题，唯有打倒国际侵略主义，才是根本的解决；军阀政府已经成为各个帝国主义的爪牙，必须一齐打倒。而要打倒国际侵略主义，唯有全世界无产阶级的觉悟和大联合。此时的侯绍裘已经意识到帝国主义、军阀混战是国家和民众贫困和痛苦的根源，他选择坚信马克思主义。在马克思主义的指导下，他认识到无产阶级的历史地位和历史使命，不断探索国家独立和人民幸福的道路。

1923年秋，侯绍裘加入了中国共产党。不久，他就在《松江评论》上撰文，并发表了《我们该做怎样的青年》一文。其中，他大声呼吁：年轻人要做改造社会的革命青年，"要认定一个人不是为一己而生，是为社会为人类而生，以最大多数之最大幸福

● 1920年，侯绍裘、沙祖康等人创办的《问题》周刊

为人生的最终目的最大责任，而以尽此责任为乐……这万恶的社会，终有一天被我们或被我们的子孙改造过来"。其中，"以最大多数之最大幸福为人生的最终目的最大责任"也是侯绍裘的人生追求，他最终以生命为代价实践了这一诺言。

● 1923年，侯绍裘、朱季恂创办的《松江评论》
1923年5月15日《松江评论》登载了侯绍裘的《"五九"纪念和五月中其他各纪念节之关系》。

● 景贤女中旧址

创建中共苏州独立支部

由于帝国主义的侵略、军阀的混战,江南民众的生活苦不堪言。中共中央局秘书罗章龙在听取侯绍裘的汇报后,深有感触,"江南赋重田租恶,到处乡村有斗争"。1924年,国共两党实现了第一次合作,继而共同领导了轰轰烈烈的北伐战争。为了迎接大革命的高潮、接应北伐军,侯绍裘在上海、苏州等地相继开展了建党建团活动,积极发动江南民众,推动大革命运动向前发展。

● 1923年11月3日,侯绍裘发表于《淞江评论》上的文章《我们该做怎样的青年》

1925年5月30日,五卅运动爆发。恽代英、侯绍裘派遣姜长林来苏州发动群众运动。苏州各界以示威游行、募集捐款等形式,掀起了长达一个多月的声援五卅运动热潮,为苏州建立党组织做了思想和组织上的准备工作。

8月,中共上海区委决定派人到苏州重建党组织。此前,苏州党支部并未发挥作用,而声援五卅运动也显示出苏州建党条件已经成熟。此时,侯绍裘正好应邀来到乐益女中任校务主任。中共上海区委遂决定由他负责苏州建党工作。8月底,侯绍裘邀请刚在上海大学入党的张闻天等人一起到苏州任教。

当时,侯绍裘以校务工作为掩护,在乐益女中秘密主持建立了中共苏州独立支部。9月初,中共苏州独立支部成立,因侯绍裘身兼数职,未担任职务,而由叶天底担任书记兼组织委员,张闻天担任宣传委员。

● 五卅路纪念碑

在声援五卅运动中,苏州各界人士募集捐款近2万元,后来部分捐款被退回,苏州各界人士就用这笔余款将马军弄拓宽成大路,并将其命名为"五卅路",永志纪念。

中共苏州独立支部成立后,随即深入各大学校、工厂,开展了卓有成效的革命活动,还先后邀请恽代英、萧楚女、施存统等共产党员来苏州进行演讲,大力宣传马克思主义和民主革命思想。这些革命活动也为中共苏州独立支部发现和培养积极分子提供了有利条件,至1925年年底,中共苏州独立支部有党员、团员共24名。

不久,中共苏州独立支部的活动引起了当局的注意。1926年年初,乐益女中迫于压力,以经费困难为由,辞退了侯绍裘、叶天底等进步教师。侯绍裘等人虽然离开了苏州,但已为中共苏州独立支部之后的工作奠定了基础,指明了方向。中共苏州独立支部接连领导了苏州丝织工人、邮局工人、金箔业工人、香业工人等多次罢工运动,有力地支援了北伐战争。

此后,侯绍裘还参加了上海三次工人武装起义。1927年4月11日凌晨,"四一二"反革命政变的前夕,正在召开会议的侯绍裘等数十人突然遭到军警的包围而被捕。不久,侯绍裘牺牲,其尸体被抛入南京九龙桥畔的秦淮河中。

● 九龙桥

关怀的延续和传承

2017年,苏州革命博物馆启动了"追寻革命足迹,重温苏州城市记忆——乐益女中的往事"活动。我们寻访中共苏州独立支部成立的历史,回望奋斗的原点；寻访侯绍裘等中共苏州独立支部创建者的人生历程，感悟奋斗的初心。

周恩来曾高度评价在第一次国共合作中包括侯绍裘烈士在内的共产党人的历史作用，他指出："当时各省国民党的主要负责人大都是我们的同志，如湖北的董必武、陈潭秋同志，湖南的何叔衡、夏曦同志，浙江的宣中华同志，江苏的侯绍裘同志，北方的李大钊同志、于树德（那时是共产党员）和李永声、于方舟同志等。是我们党把革命青年吸引到国民党中，是我们党使国民党与工农发生关系。国民党左派在各地的党组织中都占优势。国民党组织得到最大发展的地方，就是左派最占优势的地方，也是共产党员最多的地方。"①

● 侯绍裘的雕像

据松江二中的党委书记介绍，侯绍裘的孙子、曾孙子也曾就读于该校。

确实，在国共合作期间，"大约90%的国民党地方组织处于共产党员和国民党左派的领导之下"②。正是因为有侯绍裘这样一批热心革命、深入群众的共产党员，才"使国民党与工农发生关系"。1927年的"四一二"反革命政变，有信仰、热心工农运动的共产党员、国民党左派惨遭杀害，土豪劣绅、投机分子乘机混入国民党内。国民党基层党部不再与民众接近，就连国民党

---

① 周恩来：《周恩来选集》上卷，人民出版社，1980年，第112页。
② 王奇生：《党员、党权与党争：1924—1949年中国国民党的组织形态（修订增补本）》，华文出版社，2010年，第82页。

元老胡汉民也说"所谓'到民间去'在（国民）党员已成了一句空话"。因此，历史学家王奇生认为，国民党清党使国民党人才逆淘汰，从而导致国民党蜕变，最终被国民厌弃。国民党左派代表柳亚子痛心疾首地喊道："指天誓日语分明，功罪千秋有定评。此后信陵门下士，更从何处觅侯生（侯绍裘）。"其实，国民党无处觅的岂止是一个侯绍裘，而是一批热心工农的党员，更是一个"改变中国下层"的机会。

虽然大革命失败了，以侯绍裘为代表的一大批共产党员、革命群众惨遭屠杀，但是他们的探索为中国共产党指明了未来的道路，他们的信念为中国共产党打下了"关怀民众"的烙印，他们的精神锤炼铸造了中国共产党的初心。中国共产党深入群众，实地调研学生、工人、农民等各阶层群众的情况，进行广泛的宣传动员，领导一次次反帝反封建的罢课、罢工、示威运动，这一切都使中国共产党和群众，尤其是和底层民众紧密相连。在共产主义理想的召唤和马克思主义的指导下，这些早期的中国共产党员始终为"最大多数之最大幸福"进行着艰苦卓绝的斗争。虽然他们英勇牺牲了，但是他们"关怀民众"的烙印深深地融入了中国共产党的血脉中，对国家命运、民众境遇的深切关怀一直延续了下去，成为中国共产党坚持不懈地走群众路线的最大动力，激励着一代代中国共产党员为中国人民的幸福、中华民族的复兴，承担起革命、建设和改革的伟大重任。

一堂难忘的国文课

为了配合"中共苏州独立支部史料展"的工作,苏州革命博物馆创新宣教形式,编排了展演剧目《一堂难忘的国文课》。该短剧由苏州科技大学新程剧社倾情演绎,生动地再现了20世纪20年代,张闻天在乐益女中讲习课文《最后一课》的场景。经过多次打磨、排练、试演,短剧最终完成编排,演员情绪饱满,台词铿锵有力,成为展厅里一道亮丽的风景线。观众由此走近历史,了解国情,深刻认识到在那个动荡不安的年代,中共苏州独立支部成员在校园里开展爱国主义教育的活动的艰辛不易。短剧的素材取自乐益女中创办人张冀牖二女儿张允和女士回忆文章《张闻天教我国文课》。下面是展演剧目《一堂难忘的国文课》的剧本,该剧本改编自张闻天1924年发表于《少年中国》的文章《从梅雨时期到暴风雨时期》。

张闻天 好。请你朗读下一段。

女生甲 我几乎还不会作文呢!我再也不能学法语了!难道这样就算了吗?我从前没有好好学习,旷了课去找鸟窝,到萨尔河上去溜冰……想起这些,我多么懊悔!我这些课本,语法啦,历史啦,刚才我还觉得那么讨厌,带着又那么沉重,现在都好像是我的老朋友,舍不得跟它们分手了。

张闻天 好,请坐!淘气的小弗朗士多么懊悔自己从前没有好好学习法语,这最后一堂法语课,实际上是在向自己的祖国告别。孩子们从此要学习异国统治者的语言,接受异国文化,这是侵略者在军事强占以后进行的文化侵略,也就意味着更深层次的民族危机!

张允和 我们现在是不是也面临着严重的民族危机?先生认为现如今的中国处境如何?

张闻天 外国的帝国资本主义压迫着我们,国内的军阀、官僚剥削着我们,内忧外患。荒年、饥岁、死亡、疾病与贫穷主宰了全中国,我们正面临着空前的民族危机!同学们,今日的中国就是梅雨时期的中国,沉重的湿气包围着你,压迫着你。我们中国人在几重压迫之下,差不多都呼吸不来,身都翻不转来,只觉得无限的闭塞与苦闷。

女生乙 那应该怎样解除我们的苦闷与闭塞呢?我们究竟该何去何从呢?

张闻天 打破现状!要解除压迫在我们身上的梅雨时期的烦闷与闭塞,只有暴风雨时期的愤怒和激昂。要解决中国现在的一切问题,只有革命!只有把(用)革命的思想去廓清现代纷乱的妖言,去拨动麻痹着的中国人,把(用)革命的热情去激发全中国死气沉沉的民众,新中国的建设才有希望。同学们,于今日,要关心国家、民族,要学习进步思想;于将来,则要为中国之革命、中国之崛起而奋斗,在实现社会主义的历程中做一个小卒。老师与诸君共勉。

● 苏州科技大学新程剧社的金炜杰同学扮演青年时期的张闻天

● 展演剧目《一堂难忘的国文课》演出现场

先烈之血，主义之花

——探访叶天底烈士的人生故事

● 叶天底烈士

叶天底，原名霖蔚，又名天瑞、天砥，1898年生于浙江省上虞县谢家桥村（今属浙江省绍兴市上虞区）。1920年3月，叶天底参加杭州"一师学潮"，同年8月，同陈独秀、袁振英等人在上海霞飞路渔阳里6号成立上海社会主义青年团，9月，叶天底负责外国语学社团务工作，其间，学习俄语和马克思的著作。1923年，叶天底加入中国共产党。1925年9月，叶天底同侯绍裘、张闻天在乐益女中建立中共苏州独立支部,并担任支部书记。1926年春,叶天底返乡养病,其间,在当地开展农民运动,并于同年7月,建立中共上虞县直属支部。1927年11月12日,叶天底在家中被捕,被关押于浙江陆军监狱。他在狱中写下"先烈之血,主义之花"的遗言。1928年2月8日,叶天底在杭州就义,时年30岁。

如果要像中国传统史书那样编写《叶天底传》,那么上面这些文字似乎已经够了;如果要纪念他为中国革命做出的贡献,苏州革命博物馆有专门介绍他的版面,他的家乡浙江省上虞县也修葺了叶天底故居。有了这些,我们可以了解他、凭吊他,可仅凭这些,我们真的能理解他、读懂他吗?文字和照片是客观的,但有时也会缺少一些人情味,于是我们决定到他的家乡做一次寻访,以期全面地了解他的想法、性格、爱好、作为,让我们心中的那个英烈立体起来,不仅仅是一段表述的文字,更是一个有血有肉的人。

● 中国共产党上虞区丰惠镇委员会

从苏州革命博物馆出发,我们驱车前往浙江省绍兴市上虞区。约莫3个半小时后,我们来到了中国共产党上虞区丰惠镇委员会,与当地文化站的张大荣老师碰头。在张大荣老师的指引下,我们驱车前往位于谢家桥村的叶天底故居。

● **叶天底烈士纪念碑**
这座纪念碑的后面正是叶天底烈士的故居。1988年9月,它被列入当地文物保护单位。

平时,由于人流量不高,再加上出于保护建筑的考虑,叶天底故居的大门是被锁起来的。今天,张大荣老师特地为我们打开了大门,并领我们入内。据他介绍,这栋房子被称为"望霞楼",叶天底就是在这栋小楼里出生的,最后也是在这里被逮捕的。由于他当时身患重病,被捕时已经无法独立行走,因而只能被人抬着出去。中华人民共和国成立后,"望霞楼"一度成为当地村政府的办公室,也曾当过生产队的仓库。现在,这里已经成为专门纪念叶天底烈士的场所,室内还设置了一个小规模的展厅,供探寻历史的人追念叶天底烈士。

张大荣老师对叶天底的事迹非常了解,配合着展厅里的陈列,他给我们细致地讲述了叶天底的一生。我们对于叶天底的革命事迹早已知晓,但除此之外，张大荣老师还告诉了我们关于叶天底的想法、性格、爱好方面的细节。后来，根据张大荣老师的讲述，我们有针对性地查阅了一些材料，一个更加立体的人物形象在我们心中逐渐成形。

● 叶天底故居
推开这扇小门，我们走进了一段历史，似乎既感到沉重，又仿佛触碰到了激昂的红色印记。

● 在"望霞楼"的院子里，张大荣老师向寻访小组介绍这栋小楼的历史

我们总有一种固定思维，认为革命者天生就是激昂文字、挥斥方遒的义士，而我们了解到，叶天底原本是个温文尔雅，甚至可以说是安分守己的人。

1920年3月28日,叶天底参加了杭州的"一师学潮",当他看到警方镇压学生运动时,再也克制不住心中的怒火,冲到队伍前斥责镇压学生的警察,旋即被警察用枪托击中面部,晕倒在地。这一击对叶天底来说,可谓是当头棒喝,此后,"安分守己"的叶天底变成了革命者叶天底。

用现在的话来说,叶天底并不是一名"理工男",但对于科学和理性,却是非常尊崇。他出生在农村,又长期担任教师一职,因此特别关心教育,反对当时农村盛行的"迎神驱瘟"等迷信活动。在谈及家乡的迷信活动时,他这样说道:"他们的虔诚、他们的整肃和喜悦,徒徒益加显出乡人可怜愚昧的心理,引起我心头的酸楚。"他认为,"破除迷信最好的武器是自然科学",但先要努力建设"科学社会"。他还为家乡孩子的入学率和教育设施的不完善而忧心忡忡。

● 叶天底所绘的《酒菊》(现藏于浙江省博物馆)

谁能想到,革命者叶天底竟然也是标准的"文艺青年"呢?叶天底有着极好的文艺功底,他会写诗、写小说、创作剧本,更有着较高的绘画造诣。他与丰子恺等20多位画友一同受教于弘一法师,一起学习绘画技巧。他创作的多幅作品,在上海等地的各类画展中都有展出。除了画得好以外,叶天底还有自己独到的绘画理论,他主张在发展中国画的时候,要吸取西洋画的科学理论,运用西洋画具,并且绘画的题材应广泛,内容上要反映国家社会和民众的现状。

孝悌是中华民族传统的家庭道德观念，对父母长辈要"孝"，对兄长嫂嫂要"悌"。叶天底对母亲有着很深的感情，1927年被捕后，他被关押于浙江陆军监狱，其间，给母亲写的信上说的都是"并不受苦""吃的饭菜也狠（很）好""并不倒霉""身体如常""如在家时无异"等安慰的话语。真正令他担心的是，母亲"为我而忧愁，反把身子弄坏"。他完全能体察母亲关爱自己的心情，怕母亲因忧伤过度而落下病根，所以刻意说的都是自己过得好的话。在就义前几天，他在写给大哥的信中表明了自己的志向，"大丈夫生而不力，死又何惜，先烈之血，主义之花"。

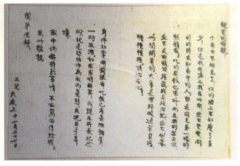

● 叶天底在狱中写给母亲和大哥的信

从叶天底故居中出来，在张大荣老师的指引下，我们来到了中共上虞县直属支部（县委）的诞生地。与保存较为完好的叶天底故居相比，这里就显得有些凌乱了。由于年代的变迁，这里只留下了院门和孤零零的一座小房子。此时正值夏天，周围的野草也正是茂盛的时候。张大荣老师帮我们打开了房门上的锁，屋内仿照旧时的样子，摆着一些旧家具，供观众想象当时的场景：叶天底在苏州建立中共独立支部后，在返乡养病期间，在这里成立了中共上虞县直属支部，并领导了当地的农民运动和革命活动。

● 中共上虞县直属支部（县委）旧址

在野草丛中，这座小房子显得格外的醒目，它似乎在向人们诉说着当年这里发生的故事。

● 屋内的陈设

屋内有些杂乱，正中用旧家具布置成了会议桌。中国共产党党旗悬挂于正上方，在一片旧物中显得格外鲜艳。

我们很快就参观完了这座小房子，正准备打道回府，张大荣老师突然问我们："有没有兴趣拜访一下叶天底烈士的亲属？"我们先是一愣神，随后感到十分兴奋，如果能听听叶家人口中的叶天底，当然是可遇而不可求的好机会，当即恳请张大荣老师为我们带路。

我们知道，叶天底终身未婚，没有直系后代，张大荣老师带我们找到他的亲属——叶天底的侄子，也就是他长兄的儿子——叶振亚老先生。老先生已经是90多岁高龄了，但依旧精神矍铄，操着一口当地的方言，这让

● 窗外的风景

同很多江南小屋一样，这座小房子的后窗正对着小河。张大荣老师向我们介绍，小河中心的绿洲用当地话来说叫作"麻墩"。当年，叶天底和其他同志在这里开会学习时，一旦遇到敌人搜捕，就翻过这扇窗，坐上小船驶往"麻墩"中躲藏。

我们理解起来颇有难度。在张大荣老师的帮助下，我们还是听到了一些故事。当初，有人曾上门为叶天底说媒，女方是附近一所小学校长的千金，但被叶天底婉言谢绝，因为他觉得自己从事革命事业，随时会有生命危险，不想耽误别人的青春，颇有种"革命未成，何以家为"的气概。我们向叶振亚老先生打听叶天底的墓是不是还能找到，老先生告诉我们，叶天底在浙江陆军监狱就义后，其遗体用棺材收殓，被置于杭州的绍兴会馆中，后来抗日战争爆发后，日军空袭了绍兴会馆，叶天底的遗体就再也找不到了。唉！"青山处处埋忠骨，何须马革裹尸还。"

渐行渐悟
——苏州革命史迹寻访集（2015—2018）

● 叶天底的侄子叶振亚老先生

● 寻访小组向叶振亚老先生介绍整个寻访活动的概况

告别了叶振亚老先生，也谢过了张大荣老师，我们这次的寻访旅程也告一段落了。叶天底和他的事迹，从一段历史、一段文字变成了一种回忆。当我们走进他住过、工作过的地方时，当我们听到关于他鲜为人知的故事时，当我们从他的家人口中听到对他生前事迹的描述时，我们开始理解了一个活生生、有血有肉的人：他的理想、他的性格，他对进步的追求，他对艺术的期待，还有他对母亲、哥哥的孝悌以及对百姓的热爱，仿佛触手可及。这种心灵的碰触和灵魂的震撼,是很难在书斋里和文字中找到的。

在革命的年代里,无数先烈牺牲了。他们有的留下了足迹,有的只留下了一个名字,更多的人可能连名字都没有留下。我们寻访他们的足迹,牢记他们的名字,继承他们的精神!

为民族解放、独立和崛起而牺牲的革命烈士永垂不朽!

● 寻访小组和张大荣老师在"望霞楼"前合影留念

第三章 追寻革命足迹,重温苏州城市记忆——乐益女中的往事

乐益女中的往事

1923年,一座新校园在苏州市体育场路4号落成了。这是一所专为女子创办的学校——乐益女中。体育场路那一带,原被唤作"皇废基"。因元末张士诚占领苏州称吴王,曾在此兴建宫殿作为王府,后兵败被俘,王府亦被烧成一片废墟,故此得名。在这座废墟上建起的校园里,不乏时代的先驱与先进的思潮,直到今天仍鼓舞和影响着一批又一批人。时移世易,再不见风光无限的校园,也没了踌躇满志的师生,不禁令人唏嘘。如今,只留院中一棵老松树见证那一段风云变幻的历史。

追求进步　独资办学的张冀牖

张冀牖祖上战功赫赫,是合肥的名门大家。1913年,24岁的张冀牖携家眷从合肥出走沪上。在上海,他看到了马相伯先生创办的中国第一所私立大学——震旦学院（今上海复旦大学），张冀牖心中原有的办学种子开始萌芽了。据张冀牖第五子张寰和回忆，"父亲办学最早是想效仿马相伯开一代大学先风，但受制于现实，于是寄希望于从基础教育开始，先初中、高中，先女中、男中，而后是综合大学"。

结合张冀牖曾兴办一所幼儿园和一所男子学校平林中学的实践，加上张允和（张冀牖的二女儿）的回忆，可知张

● 张冀牖手抚乐益女中校旗

冀牖原有一个宏大的办学规划，即兴办"幼儿园—小学—初中—高中—大学"这一贯穿基础教育至高等教育的系列学校，而他的最终目标，正如张寰和所说，是兴办综合大学。但由于种种原因，最终真正办成并坚持了16年的只有乐益女中，效仿马相伯先生办一个"苏州复旦"的心愿终成虚话。

1918年，张冀牖举家移居苏州。当时，中国女子接受教育的机会极少，真正的男女平等很难实现，苏州的女子学校仅有苏州振华女子中学（今江苏省苏州第十中学校）、苏州景海女子师范学校（今位于苏州大学本部校园内）等为数不多的几所，女子教育亟须普及，张冀牖决心先办女子中学，造就新社会的中坚女子，以适应社会之需要，而为求高等教育之阶梯。为了将学校办好，他遍访苏州、上海、南京等地的教育名家，诸如马相伯、张一麐、吴研因、沈百英、陶行知、龚鼎、杨卫玉、王季玉等人，还邀请张一麐任校董事会董事长。

为了独立自主办学,张冀牖倾尽家财,让出宅园,不接受任何形式的资助,无论是当局的津贴、教会的赞助,还是好心人的捐献,他都一概谢绝。虽是以一己之力独资办学,但他对学校的投入不计代价,单单校园建设就花去2万银圆,对学校师资队伍的建设更是重视,广纳贤才,对教职员工从丰付酬。老家的田租、房租等收入到位后,他总是先把学校的经费落实,然后再分配给子女们学费和路费。

寓意深远　几多变迁的乐益

"乐益"二字,取"乐观进取,裨益社会"之意,也有传说"乐益"在苏州方言里是张冀牖夫人陆英的谐音,取名"乐益",是对夫人的纪念,若真是如此,当是一份浓浓的深情与浪漫。1921年,乐益女中开始招生,也正是这一年,年仅36岁的陆英不幸因病离世。在仅存的乐益女中校刊中,有首张冀牖自撰的校歌,嵌入了"乐益"二字:

● 乐益女中的校舍

乐土是吴中，开化早，文明隆。

泰伯虞仲，孝友仁让，化俗久成风。

宅校斯土，讲肄弦咏，多士乐融融。

愿吾同校，益人益己，与世近大同。

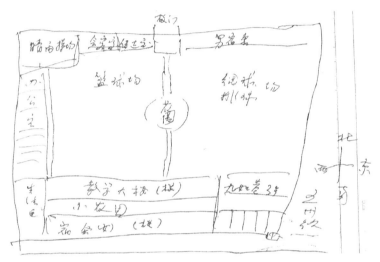

● 乐益女中布局草图（张寰和手绘于2013年春）

早在1921年，乐益女中便开始办学招生，彼时为租房办学，地址在苏州市人民路憩桥巷。1921年9月12日开学，第一批学生23人。同年，在体育场路筹划建设新校园。

1923年，新校园建成，乐益女中正式搬迁至体育场路4号。新校舍建有40多间宿舍和教室。在张寰和先生生前手绘的乐益女中布局草

● 抗战胜利后，乐益女中复校，张充和为乐益女中题写校名

图中可以看出：张家人居住的九如巷 3 号位于学校的东南方。学校各区域分布合理，功能齐全，校门朝北，往西分别有传达室和会客室，办公、教学、运动、生活区域分开，男生、女生宿舍也分处于学校的北、南两端。占地面积最大的是处于中间位置的活动区，活动区设有专门的篮球场、网球场和排球场。在西北角还有一个无论严寒酷暑或刮风下雨均可使用的晴雨操场。进入校门后，往南向教学楼走去，可以看到一条鸟语花香的小径，途中还会经过一个花园。

1924 年，江浙军阀混战，乐益女中被迫迁至上海市宝山路宝通里，直到 1925 年，才重新迁回苏州。1937 年，抗日战争爆发，张冀牖携家人回到安徽合肥，乐益女中暂告一段落。1938 年，张冀牖病逝于合肥，时年 49 岁。抗日战争胜利后，张寰和卖掉曾祖父在南京的房产，用来复校，张充和也赶回来助教，还亲自题写了校名。学校延续张冀牖生前的传统，授课教师常常带领学生远足郊游，让其感受大自然的魅力。1956 年，乐益女中由私立变为公立，改名为"苏州市第六初级中学"，3 年不到的光景，苏州市第五初级中学和第六初级中学合并，张寰和被调至苏州市第八初级中学任校长。

设施先进　中西合璧的校园

1923 年，位于体育场路 4 号的新校园建成，乐益女中正式迁入新址。当时所建的大门为罗马立柱式辅以拱门，高高的门楼上刻有西洋浮雕，浮雕的中央有一个大大的五角星，映衬着一行书法小字：乐益女子中学校。校园里有中式的花园、西式的教学楼、先进的教学设施，以及钢琴、化学仪器、图书、运动器材、演出道具等一应俱全，还有供学生课间休息的凉亭。在绿化方面也毫不含糊，张冀牖为美化校园，花高价从别人的花园里买来各色各样的梅花，可想而知，其他装点校园的红花、绿叶一定也不少，当年的乐益女中想必是一座幽静雅致的校园。

在民国时期的苏州老报纸中，或可寻见乐益女中的招生广告。从招生简章来看，该校招生一般是每年1次，最盛时为每年2次。学生的课程内容涵盖国文、数学、自然科学、历史、地理、政治、英语等。

根据叶圣陶的好友王芝九（早期曾在乐益女中教书，后任吴县教育局局长）的回忆，乐益女中收支相抵后每年还要倒贴5 000余元。可见张冀牖办学不为创收，足见其教育救国的情怀。即便面临巨大的经济压力，学校仍每年拨出十分之一的名额，招收免费生，以便贫家女儿入学，改变了一批贫困学子的命运。张家厨师的女儿黄连珍便是受益者之一，她于1933年从乐益女中毕业。就读乐益女中时，她的运动潜能被挖掘出来，这段求学经历奠定了她人生的方向。从乐益女中毕业后，她前往体育专科院校深造，而后从事了20多年体育教育事业，桃李满天下。

● 乐益女中的师生上烹饪实践课

乐益女中在课程设置上也开风气之先，虽也教旧体诗，但更多的是教授各种新知识，其课程有国文、数学、英语、素描写生、社会实践课（缝纫、刺绣、园艺等）等，学生们能接触到外国的文学作品，能演出英语话剧，还能参加丰富的实践活动。张冀牖虽然不上课，但乐于与学生一同参加各种活动，诸如运动会、游艺会、远足等。

● 20世纪30年代初，张冀牖和乐益女中的师生到常熟虞山远足

朝气蓬勃　思想新潮的师生

张冀牖爱好读书，家中藏书以五四运动以后的文艺作家的作品居多，其本身亦受新思潮的影响。这位追求新文化的校长，启用了叶天底、侯绍裘、张闻天等进步教师。在新思想的影响下，乐益女中出现了从未有的、朝气蓬勃的新气象，掀起了诸多新风：乐益女中是苏州最早推行剪短发的女校，女学生们"齐耳短发，身穿短袖白衫、黑色齐膝裙子、白色长袜，清新飒爽"。乐益女中的文体活动也非常活跃，还开创了女子上台演戏的先河，张家姐妹

带头上台，演绎了古典和现代的经典剧目。

1925年五卅运动爆发时，张冀牗接受进步教师的建议，停课10天，搭台演戏3天。师生们分赴各个城门口、火车站口，沿途募捐，更有一队学生赶赴无锡劝募。为了支持上海工人罢工，学生们自编自演了节目，张冀牗还请来马连良、丁伶等著名演员参与义演募捐。乐益女中募捐"成绩甚优"，上海、苏州各大报纸相继刊登了这则消息。上海工人罢工结束后，多余的捐款被退回苏州，乐益女中的师生和苏州的工人、学生一起，携手填平了位于皇废基那条贯通南北的小巷，将其拓宽成大马路，命名"五卅路"，并立碑纪念。

● 苏州学生在声援五卅运动时上街劝募所使用的竹筒，主要用于存放捐款

乐益女中受新思潮的影响掀起新风尚的事例不少。1925年9月7日，这一天本该是乐益女中正式开课的日子，但为铭记《辛丑条约》的"国耻"，全校停课，举行演讲活动，由侯绍裘担任主持，张闻天主讲《帝国主义与辛丑条约》，叶天底主讲《九七与五卅》。《苏州明报》报道了乐益女中

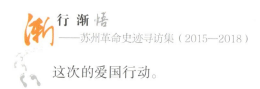

这次的爱国行动。

久志不忘　结草衔环的传承

细数乐益女中的过往，慢慢回顾张家的旧事，愈发令人感慨。谈起张家的过往，现居九如巷的张寰和之子张以迪如数家珍、滔滔不绝，但谈及感想，他只说了句："一个时代过去了。"张家人性情谦和、淡泊名利，处事风格正如十姐弟名字中"和"字的寓意：和以致福，善可钟祥。

张寰和回忆起乐益女中的学生时，说道："我看到她们临近毕业，舍不得离开学校，朱舜英、刘仁芳等人，哭哭啼啼地在梅花树下挖了一个很深的坑，把和她们朝夕相伴的竹片名牌，用小手绢包好，深深埋入土中，表示她们虽然远离学校，但是要永远和乐益女中在一起。"

不仅乐益女中的学生怀念母校，乐益女中的老师对学校、对张家也有深厚的感情。教育家、思想家匡亚明早年曾在乐益女中教书，当时，身为共产党员的他在苏州还遭受到逮捕的威胁，张冀牖通过个人的影响力，多次向当局申明，匡亚明仅仅是学校老师，不曾做过任何出格的行为，他可为其担保。再后来，匡亚明外出避难，张冀牖还送了他一笔路费。匡亚明对乐益女中印象最深刻的是张冀牖为他加夜班补习古文。晚年时，他常到苏州拜访张家后人，还曾提及此事。

乐益女中办学16年，多少莘莘学子从这里走出苏州，遍布四方，成为各行各业的精英。乐益女中虽已成为历史，但师生的情谊仍然延续着，其烙下的印记也成为一代人抹不去的回忆。乐益女中师生及其后人，传承着不变的精神，引领着时代的风尚，正如院中枝繁叶茂的老松树，苍劲有力，绽放出蓬勃生机。

● 几十年后，教育家、思想家匡亚明再回到乐益女中旧址与张家人合影（左起为张寰和、周孝华、匡亚明、张以迪、李锡英、张允和）

● 张闻天外孙女张秀君女士与张冀牖之孙张以迪先生合影

又到了一年的毕业季，回望乐益女中办学的始末，截取张冀牖于1932年为乐益女中毕业同学录做的序来进行总结，"今诸毕业同学，自入本校以来，数年同师同级，受课一室之内，平时同坐同息，切磋互助，其相互关系之切，内心相知之深，迥非泛泛可比"，希望毕业生"将来维持本级联络关系，充分发展各人之意志能力。加入本校校友会，一方为本校繁荣献尽心力，一方协助本校为民族社会切实服务。久志不忘，锲而不舍"。盼天下学子惜同窗情谊，久志不忘。

百年相知，张冀牖与苏州的传奇

● 张冀牖（1989—1938）

当一贵公子举家从合肥迁居苏州，他便开启了一个九如巷的传奇。传奇里有苏州著名的女校，有中国共产党在苏州最早发挥作用的党组织，还有张闻天、匡亚明、叶圣陶等知名人士。这位贵公子就是张冀牖。

张冀牖生于合肥，祖父是著名的淮军将领张树声，张家是当时合肥颇有声望的五大家族之一。1913年，张冀牖携家眷从合肥出走上海，1918年又举家迁往苏州。中国是一个安土重迁的社会，张冀牖举家从群山环绕、闭塞静态、根基深厚的合肥，移居到水网密布、流动不息、举目无亲的苏州，如此迥然不同的自然环境和社会环境，不得不让人惊讶于他当时的决心之大。移居的原因，多年后，其子女张充和、张寰和归纳为两条：一是效仿"孟母三迁"。张家的书香气息越来越淡，社会上懒散、奢靡的风气越来越重，张冀牖不愿子女受其影响，进而沾染恶习。二是实现教育救国的抱负。张冀牖受其祖父张树声"洋务"思想的影响，立志办教育以强国，同时苏州的"新学"热潮也吸引着他。据载，清朝末年苏州出现了创办近代学堂的高潮，官、绅、商各个阶层争先恐后地投入这一潮流中。

吴中乐土，知音易得

1921年秋，张冀牖变卖部分家产，创办乐益女中，之后又创办了平林中学。张冀牖坚持独资办学，独力承担了学校创建、日常开销、教师工资等巨大花费。据校董韦布粗略计算，至1932年，张冀牖对乐益女中的投入就高达25万元。曾在乐益女中教书，后任中共昆山独立支部书记的王芝九在《谈谈乐益和平林》一文中回忆道：张冀牖先生生活朴素，自奉甚俭，但是凡学校之所需，无不竭力予以满足。每学期开学前，他就将本学期经费筹足，保证教学正常进行。甚至学校办学经费还优先于自己孩子们的学费，每逢开学，张冀牖都要等乐益女中、平林中学的经费筹足后，才将剩下的钱供给自己的孩子们返校。为此，张冀牖经常受到家乡族人的责难和嘲讽。周有光（著名语言学家、张冀牖的二女婿）就曾说过："合肥张家人嘲笑岳父'这个人笨得要死，钱不花在自己的儿女身上，花在别人的儿女身上'。"合肥族人不理解，但是在苏州，张冀牖有太多知音，他们都"挥霍家产培养着别人的儿女"。

渐行渐悟
——苏州革命史迹寻访集（2015—2018）

中日甲午战争以中方战败而告终，清政府被迫签订了《马关条约》。1895年，苏州被强行开放为通商口岸，1897年又被迫划盘门外相王庙对岸青旸地给日本建立租界，后又被迫于日本租界东部开辟公共通商场，对各国开放，称为"公共租界"。这一方面刺激了苏州近代工商业和文化思潮的诞生与发展，与封闭的内陆城市发展缓慢相比，苏州等开埠通商的城市快速向近代城市转型；另一方面加速了苏州人民族意识的觉醒和民族危机感的产生。同时，辛亥革命、新文化运动、五四运动所传播的先进思想也在苏州流传开来。

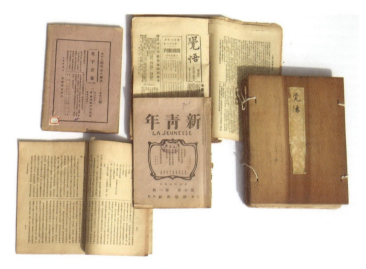

● 《新青年》《觉悟》等进步书刊（现藏于苏州革命博物馆）

苏州本地的报刊业十分发达，比较有代表性的有《苏州明报》《苏报》《吴县日报》等。这些进步报刊为张冀牖等苏州士绅"悉外情""纳新知""议国是"提供了重要渠道。当时，张冀牖订的报纸就有30多种。

随着民族危机的加重和西方文化的传播，苏州进步士绅把推广新式教育提高到保国保种、强国兴国的高度。据《苏州商会档案》记载，苏州进步士绅一再呼吁"种（新式教育）宜早下"，否则"至时而思以教育救其弊，不已晚乎"。在这种急切的爱国情绪下，苏州士绅纷纷投入教育救国的热潮中。他们不仅组织政府教育改革，而且倾尽家财开办新式学堂，宣扬新学。苏州士绅潘祖谦创办苏州女子职业中学，潘震霄创办4所新式小学，汪懋祖创办苏州中学，孔昭晋与张一麟发起苏学会，创办中小学堂30余所，王谢长达创办苏州振华女校（今江苏省苏州第十中学校）……从政府到民间，在苏州士绅的参与和发起下，苏州开办了各类中小学堂，基本上形成了比较完善的教育体系。

因此，张冀牖把吴中视为他实现教育救国抱负的"乐土"，他与那些苏州的"知音"一起投入教育救国的热潮中，倾尽家财去办学，以挽救民族危机，这是多么地"乐融融"。从他亲自撰写的乐益女中校歌可见一斑："乐土是吴中，开化早，文明隆。泰伯虞仲，孝友仁让，化俗久成风。宅校斯土，讲肄弦咏，多士乐融融。愿吾同校，益人益己，与世近大同。"

惺惺相惜，相敬相重

由于拥有救亡图存、教育救国的共同理想，张冀牖与苏州进步士绅惺惺相惜，苏州社会对张家也是尊敬的。《大光明报》曾登载一段逸闻，张冀牖赴沪，想对胡汉民进言，呼吁宁粤合作，共同抗日。但是此举可行性甚小，他的家人和同事都很担心其安危，竭力劝他回来。然而这一堂吉诃德式的行为却获得该报的称赞："痴心爱国，其心可悯。国家兴亡，匹夫有责。"时任苏州振华女校校长的王季玉出身于东山莫厘王氏，王氏是苏州著名的世家大族。王季玉不仅担任乐益女中的校董，而且在晚年曾有心迁居九如巷与张家人合住，可见苏州当地士绅对张家的接纳与认同。另外，据张寰和回忆，张冀牖为了办学曾先后请教过苏州、上海、南京等地的教育界知名人士,诸如马相伯、张一麟、陶行知等人,还邀请张一麟任校董事会董事长。韦布(乐益女中校董)也曾说,常随着张冀牖去向同行讨教,诸如苏州景海女子师范学校教务主任周勖成、江苏省立第一师范附属小学教务主任施仁夫、苏州县立中学校长龚赓禹等人。

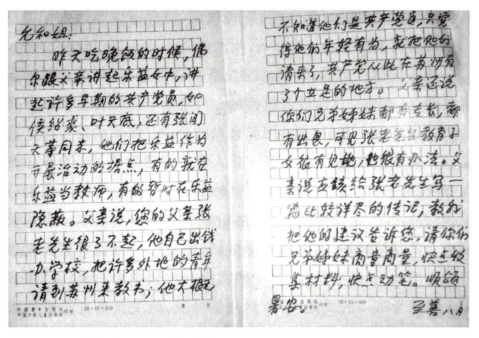

● 1985年,叶至善写给张允和的一封信

信中谈道:父亲(叶圣陶)感叹张老先生(张冀牖)很了不起,应该给张老先生立传。为此,叶至善希望张允和能够提供资料。由此可见,吴地人民尤其是教育界人士对张冀牖的敬重。

志同道合,相互吸引

深受张冀牖教育救国思想的影响,乐益女中学风开放进取,学生们开运动会,演话剧,关心时事。五卅惨案发生后,乐益女中师生广泛开展宣传、募捐活动。据上海《申报》报道，"组织募捐乐益女中成绩甚优"。后来，苏州用上海总工会退回的募捐余款将乐益女中东边的小巷扩成大路，命名为"五卅路"，以志纪念。

虽然张充和曾说，其父张冀牖不属于任何政党。但张冀牖救亡图存的爱国胸怀、宽容自由的民主作风曾吸引着一批批拥有民主思想的进步人士来乐益女中任教、演讲。这其中就包括侯绍裘、张闻天、叶天底、匡亚明、恽代英、萧楚女等中国共产党员。其中，侯绍裘、张闻天、叶天底还在乐益女中建立了中共在苏州最早发挥作用的党组织——中共苏州独立支部。更有意思的是，当张冀牖迫于当局的压力，含泪忍悲送走自己青睐有加的侯绍裘等人时，却又迎来匡亚明等一批中共党员和进步人士。独立的乐益女中不受任何党派的控制，却不由自主地倾心于和吸引着那些以改造社会为己任，以及为国家独立、人民幸福拼搏奋斗的政党和进步人士。

守护和追寻共同的传奇

有人说，乐益女中赫赫有名的校董、师生就是各个方面的近代史。确实，既有成立中共在苏州最早发挥作用的党组织的风云际会，也有张冀牖、张一麟、王季玉等一批启民智救危亡的教育家，还有"乡下人喝杯甜酒""半个字的电报"等儿女情长的文坛雅事……

九如巷的传奇不仅属于张家，更属于苏州这座城市。因为它浓缩了近代以来苏州仁人志士为救亡图存而奋斗的历史。有人说，苏州像一幅双面绣，一面传统，一面现代。那是因为，苏州在现代化进程中从未忘记过对文化根源的守护，对城市历史的追寻。苏州革命博物馆作为收藏、展示和研究苏州近现代史的基地，于2017年年初展开"追寻革命足迹，重温苏州城市记忆——

乐益女中的往事"寻访活动。在活动中，我们寻访了倾尽家财办教育的校长张冀牖先生，了解了姑苏大地掀起的改造社会、救亡图存的教育救国运动，追溯了中共苏州独立支部辉煌而艰难的历史，等等。姑苏人永远不会忘记那些人、那些事、那段沧桑岁月。

● 寻访小组与张以迪先生（右三）在九如巷古井边合影
致敬最后的守井人——张寰和先生，我们一同守护、追寻和传播九如巷的传奇。

君子，淡如水

——感怀张冀牖先生

● 张冀牖先生

乐益女中作为女子教育的典范和中共苏州独立支部的成立地而闻名，张家的几个子女也因才子佳人的故事而被很多人熟知，但乐益女中的创始人、张家子女的父亲——张冀牖先生，却似乎一直游离于大众视野的边缘。其实，无论是作为校董还是父亲，张冀牖先生的性格和思想都一直影响着学校和子女的发展，他才是乐益女中和九如巷张家的灵魂。

行 渐 悟
—— 苏州革命史迹寻访集（2015—2018）

● 张树声

几世不绝的传承，
一代孜孜的务新

根据张氏家谱的记载，张家的先祖是明代从江西迁移到安徽合肥的。扎根合肥后，张家几代人努力经营，在积累财富的同时也沉淀着自己的家学，逐渐成为当地颇有名望的书香世家。等到了张家"树"字辈子弟时，张冀牖先生的祖父张树声在科举考试里中了秀才，成绩名列榜首，获得"廪生"的称号。

可就在此时，张家历代从文的道路被时局打断了。当时，太平天国运动风起云涌，张树声于是投笔从戎，和兄弟一起在家乡办团练，并投效在李鸿章麾下。在战争中，张氏兄弟立下赫赫战功，张树声以武职入官，历任直隶按察使、漕运总督、两江总督、两广总督和代理直隶总督。"合肥张家"于是就成了当地的豪门望族。

虽因时局变化，张树声投笔从戎，但在功成名就之后，要求张家子弟弃武从文，回归历代诗书传家的家风中。张冀牖先生就出生、成长在这个"书香豪门"之中。他生性温和，稍显内向，喜欢读书、看报。很难想象，这个内向、沾有书卷气的人，浸润着张氏家族几世的家风传承，却追求新风新俗。

"务新"先要"去旧"。张冀牖先生感觉到合肥张家老宅中人员庞杂、佣仆中渐渐出现了庸散之风，也滋生出了诸如赌博一类的恶习，于是他决定带着妻儿和几位需要照顾的亲戚，搬离祖宅。他们先是到了上海，后又迁居苏州，离开了已现暮气的老宅，抛弃了传统士大夫的陈规，在苏沪的新天地中，张家也再次焕发出新的活力。

张冀牖先生喜爱照相、听唱片和看电影。他收集的各类照相机就有近20台，他经常给家人、朋友照相，也喜欢让子女们为他照相；他收集的留声机各式各样，唱片不计其数，他的子女们就跟着唱片学京剧；他还买了家用小型电影放映机，不仅会在家里放电影，还会跑去江阴的穷乡僻壤传播文明，观众要是看的捧腹大笑了，他就能得到更大的喜悦和满足。

此外，新的生活、新的思想，还有新的事业也给他带来了前所未有的快乐。他的前4个孩子都是女儿，他就教育女儿们，要"男女平等""女子不应当依靠丈夫，要能独立生活"。他给了女儿们最大限度的自由去发展个性和爱好，让她们受到了尽可能好的、全面的教育。他不但对自己的女儿如此，还斥巨资兴办了乐益女中，教授新式课程，让别人家的女儿也有了发展才华的空间以及与男人平等接受教育的机会。

走到光明里

张冀牖

一间黑屋子，
这里面，伸手不见五指。
一直关闭了几千年，
在懵懵懂懂中，生生死死。

呀！前面渐渐光明起来，
原来门渐渐开了——刚宽一指。
齐心！协力！
大家跑出这黑屋子。

不要怕门开得窄，
这光明已透进黑屋里。
离开黑暗，向前去吧，
决心要走到光明里。

一九一九年十二月二十三日作

从不张扬的随和，绝不退缩的坚韧

● 1935年，张冀牖与蔡元培在国立中央研究院上海办事处合影

在留存下来的照片中，张冀牖先生给人的感觉是随和的，虽然他的脸上很少有微笑，但是总透着淡然和舒展。这些照片很多都是由他的子女们拍摄的。他收集的相机，在当时都是价值不菲的，诸如莱卡、蔡司的相机，这些都是要用金条去买的。可这些昂贵的相机，他却允许自己的子女们随意摆弄、摸索，也不担心孩子们把它们弄坏了。虽说是父亲，但这种大方、随和也不是每个喜爱收藏的父亲都能做到的。张冀牖先生的随和是从骨子里透出来的，不仅是对自己的孩子，而且对其他人更是如此。这便是他的习惯和风格。随和的风格，并不是随便的做派，对于大是大非，他都有着客观的思考和绝不动摇的原则。

他的儿子张宇和读中学的时候，被学校勒令退学。张冀牖先生问了儿子事情的原委，原来是党义课的教员照本宣科，又常常在课堂上发愣，儿子就写了封信嘲讽了这位教员。对学校来说，党义课是不能不开的，但教员又不好请，也就只能惩戒学生了。张冀牖先生对此事的评价为：儿子没有错，学校也没有错。确实，老师不合格，受到指责自然活该；学校要办学，惩戒学生也无可厚非。作为父亲，他没有愤怒地训斥儿子，也没有不分青红皂白地护短。

张冀牖先生一生讨厌赌博。有一次，家里的长工躲在柴房里打麻将，被他发现了，长工们都吓坏了。可他只是笑眯眯地从桌上抓走了一把牌，转身走了，既没有发脾气，也没有训斥长工。少了几张牌，麻将自然是打不成了。他用这种近乎恶作剧的方式，既制止了赌博，又不伤大家的和气。

张冀牖先生长在富贵之家，对于花销常常是心中没数的，就连家里的存折放置的位置都会被他遗忘。可在办学一事上，他却异常的上心。让出土地、建设校舍、购置设备，都是他一家出钱，对于政府的津贴、教会的赞助和好心人的募捐，他都一概谢绝，为的就是不受他人掣肘，独立地办好心中理想的学堂。每年，他还拨出十分之一的名额，招收免费的学生，让贫困人家的女儿也能得到受教育的机会。

张冀牖先生的心中是有一杆秤的，遇到什么事情可以随和，遇到什么事情必须较真，解决什么问题态度要轻松，解决什么问题态度要严肃，他都有着自己的标准和界定。以去恶趋善为原则，用理性客观来思考，中不偏，庸不易，修身、齐家、治国、平天下，这才是他心中的至善。

各领风骚的儿女，上善若水的家风

张冀牖先生可能不是那种像太阳一样散发出强烈光芒的人，也可能没有让人一见倾心的人格魅力，但其随和的风格、坚韧的态度，却似春雨一般，"随风潜入夜,润物细无声",在潜移默化中滋养着周边的人。在他的教育和感染下,膝下10个子女各自成才,虽然生活中少不了坎坷,但大体上都是幸福快乐的。

长女元和,性情周正、文静,昆曲度曲家,与昆曲演员顾传玠结婚,当时传为佳话。

次女允和,性情活泼,喜好昆曲,中华人民共和国成立后受人民教育出版社社长叶圣陶先生推荐,参与历史教科书的编写工作。丈夫是语言学家、"汉语拼音之父"周有光。

三女兆和,从事文学与教育工作,《人民文学》编辑,作家沈从文的妻子。

四女充和,嫁给了汉学家傅汉思,移居美国后在耶鲁大学美术学院教授中国书法,长期担任美国昆曲学会顾问。

长子宗和,毕业于清华大学,从事历史研究。

次子寅和,留学日本,擅长写诗。

三子定和,作曲家,从事音乐教育与研究工作。

四子宇和,留学日本学习农业,是张家唯一的自然科学研究者。

五子寰和,毕业于西南联大,抗日战争胜利后担任过乐益女中校长,喜爱照相,中华人民共和国成立后帮助《苏州日报》等报纸拍照和培养摄影记者。

六子宁和,留学法国,中华人民共和国成立后担任中国交响乐团第一任指挥。

张冀牖先生这10个子女,生于书香门第,先不论各自在事业、生活上取得的成功,单就无一人学坏、无一人作恶,便是十分难得的。这是张冀牖先生作为一名父亲,取得的最大成就。他尊重子女们的个性,使他们有了充分发展的空间;他随和、从容的态度,将子女们团结成一个相亲相爱的大家庭;他坚韧独立的品质,给予子女们克服困难的勇气和追求理想的力量。

张家的子女们编辑过一本叫作《水》的家庭刊物。对于"水",张家的三女婿沈从文曾有过这么一段描写:

水的德行为兼容并包,从不排斥拒绝不同方式浸入生命的任何离奇不经的事物,却也从不受它的玷污影响。水的性格似乎特别脆弱,且极容易就范。其实则柔弱中有强硬,如集中一点,即涓涓细流,滴水穿石,却无坚不摧。

张家的子女们用"水"来象征他们的家风,可"水"的这种品性,不也正是张冀牖先生的风骨吗?这位淡然而执着的父亲,为子女们树立了榜样,也将自己的灵魂注入了家风之中。

张家能够成为"豪门",靠的是机运,凭的却是几代人的积累。这种积累,不光是物质财富,更是知识、品德和家风。正是这些精神财富的积累,才让张家成为"豪门"之后,依旧能出现张冀牖先生这般风流的人物,并在动荡变革的时代里,培养出 10 个优秀的子女,更能以"豪门"之力,为社会的公益与进步出力。事实上,能被历史铭记的,是张家的贡献而不是索取,是张家的家风而不是财富。对于想成为"豪门"或已经是"豪门"的家族来说,张家的历史足可借鉴。

追寻乐益女中的往事

——专访《君自故乡来》作者沈慧瑛老师

2017年，苏州革命博物馆寻访小组为了追寻乐益女中的往事，围绕中共苏州独立支部的诞生，将其人其事，一点一滴追根溯源。其间，涉及中共苏州独立支部诞生地——乐益女中及其相关重要人物侯绍裘、张闻天、叶天底等人，有大量书刊资料需要寻访小组的成员们阅读和消化。在寻访小组的书单中，有一本书装帧素雅简洁，内容却足够饱满丰富。它以文史随笔的形式，记载了几十篇与苏州有关的文人雅事，其中近10篇所涉及的人物均来自乐益女中的创办者——九如巷张家。此书便是《君自故乡来》，作者为苏州市档案局（馆）副局（馆）长沈慧瑛老师。

这是一本让人读来津津有味的书，档案中尘封的历史，因作者细腻、深情地解读而鲜活、感人。在对史料研究的同时,作者也做了大量的寻访工作。例如,作者曾采访过张家五子张寰和先生、张家大名鼎鼎的二女婿周有光先生,与"最后的闺秀"张充和女士亦有过往来。此外,被称为"中国首家家庭刊物"的张家家刊——《水》,已被苏州市档案局(馆)收藏。

为此,苏州革命博物馆寻访小组特地与沈慧瑛老师取得联系,希望可以通过访问,了解更多关于乐益女中的往事。幸运的是,沈慧瑛老师在百忙之中抽出时间欣然接受了采访,更向寻访小组娓娓讲述了很多与张家人交往的故事和感悟。

寻访小组:沈老师,您好!从您的书中可以看出,有关张家人的文章有八九篇。究竟是什么让您对张家特别关注?您可以说说写张家的初衷吗?

沈慧瑛:实际上,这源于一件非常巧合的事。大概是2004年,我正在编纂《馆藏名人少年时代作品选》(以下简称《作品选》)这本书。我们有很多馆藏的教育档案,因此当时编入《作品选》的主要有费孝通、

● 寻访小组在苏州市档案局(馆)会议室采访沈慧瑛老师

杨绛、何泽慧、钱伟长、钱钟书等人在苏州读书时写的作文、科学小论文等。在收录作品的过程中,我也一同收录了张充和的资料。当时我和张充和老师还不认识,出于对作者的尊重,我给每个人都写了信,想办法和他们取得联系。联系上张老师后,我们也并未见过面。直到2004年9月,我去图书馆查苏州桃坞中学刊物上钱钟书的文章,查到后便去复印室复印。在等待的过程中,刚

好看到两位老同志走了进来,我见他们年纪比较大了,当时的我还是个年轻人,就赶紧把椅子端给了他们,说:"请你们先坐,你们先复印吧!"于是,其中一个老先生便与我聊天,问我是什么单位的,我便告诉他为何而来,他立刻惊讶地说:"哎呀,我恰好是来复印四姐张充和在北京书画展的材料呢!"原来这两位老先生就是张寰和与他的哥哥张宗和!

我和张家人就是这样认识的。张寰和老师对我印象很不错,觉得我很有礼貌,于我而言,我遇到了两个非常谦和的老人。至于我写张家的人和事的首要原因就是张寰和老师给我留下的好印象,他真是一位谦和的长者。后来,张寰和老师把家刊——《水》拿给我看,我读后觉得非常有意思。因此关于张家,我写的第一篇文章就是有关《水》的《源远流长水长流》一文,并将其发表在《中国档案杂志》上。后来,我又写了关于张寰和老师的《历史瞬间定格在镜头前》,继而又写了《走近张充和》《音乐奇才张定和》等文章。2010年时,我利用周末的时间,到北京采访了周有光先生,便写了《历史进退 匹夫有责——访周有光先生》。

寻访小组:张冀牖先生生于士大夫家族,成长于新文化的洗礼中,有着"修齐治平"的自我要求,也爱好相机、电影等新潮的东西。您觉得在他的身上,是传统儒生的成分多一点,还是新式知识分子的成分多一点?您怎样看他对子女的教育?

沈慧瑛:其实张冀牖先生本人留下的材料并不多,从现有资料的记载来看,很难了解他到底接受的是哪一种教育。但从时代的角度来看,我觉得他对子女们的教育是宽松、自由的,他既让子女们接受传统教育,又让他们接触新式教育,也从未要求子女们将来一定要做出什么成就。例如,他逢年过节就带子女们听戏,又请老师来教戏,其教育方式十分自由。

寻访小组:可否说张冀牖教育子女们的思想理念是比较现代的呢?

沈慧瑛:对,是挺现代的。包括他们的婚姻,都是自由恋爱,没有门第观念,像周有光、沈从文,当初也并非名人,只是教书先生,张冀牖都很认可。他对子女的教育用"放任"一词来形容可能不太合适,但确实是放松的。

寻访小组：我觉得张冀牖先生是一个不显山不露水的人，但是在他的子女们身上似乎存有一根线能联系到他。作为父亲，张冀牖对他们的影响很大。

沈慧瑛：是的，他们的父亲喜欢读书，对新事物充满兴趣，又积极向上，这些方面都对其子女们影响很大。张家有各式各样的照相机，张冀牖先生喜欢昆曲、京剧，家庭的文化氛围很好。他们一家住在苏州市寿宁弄8号的时候，他和妻子各有一间书房，书房隔着一个花厅，两个人累了就说说话，夫妻俩十分恩爱。这些都影响着子女们对家庭和婚姻的观念。

寻访小组：我们拜读完您写的《源远流长水长流》后，从中感受到您对《水》研究得非常透彻。那么，苏州市档案局（馆）是如何收藏这一杂志的呢？总共收藏了多少本？您能否简要谈一下《水》的价值。

沈慧瑛：纸质的杂志应该有20多本，都是原来张家人寄过来的，后来有电子版了，现在也还在编录，主要是由沈从文的大儿子沈龙朱在负责。

关于《水》的价值，其实在书里我也讲过了，第一个是人文价值，我一直强调它的人文价值。因为作者是文化界的大家，他们都是现当代杰出的知识分子代表，他们的人文情怀让人敬佩。《水》中不少作者承受了生活的艰苦磨难、战争的颠沛流离，但他们依然一直乐观地工作、生活，并在困难时相互扶持、相互慰藉。他们淡泊金钱、名利，为人处世宽厚大度，不计较个人得失。

第二个是教育价值。张家姐妹在青春年少时创办了家庭杂志——《水》，到20世纪90年代又复刊。亲友间互相传阅，字里行间，加强了亲人之间的沟通，增进血脉相连的亲情，这也是一种良好的家风体现。兄弟姐妹之间、子女父母之间不会为了一丁点小的利益而闹矛盾。《水》为我们树立了一个榜样，如何为人处世，如何让家成为每个人心中温暖的港湾。

第三个是史料价值。我学的是历史专业，他们的故事中有许多值得挖掘的史料。《水》刊登了不少鲜为人知的名家作品和故事。例如，在抗日战争期间，周有光怀念夭折的女儿小禾写的诗，还有因儿子周小平被子弹穿肠而写的家信等。《水》里有大量类似的文章，这些未必会发表，但对我们来说就有重

要的史料价值。

寻访小组：根据《君自故乡来》中对张家后人的介绍，我们了解到张家有1 300多张照片档案，这些照片现存于何处？有没有保存下来？如果做成一个展览有没有可行性？

沈慧瑛：目前这些照片都在我们档案馆保存。做展览的方式很好，相关图片、杂志以及有关乐益女中教育的档案，可以做一个综合的展览。

寻访小组：您在书中提到了您曾多次对张家人进行采访，能否具体谈一下您采访了哪些张家后人，能否和我们分享一下采访中的趣事。其中，哪些片段让您印象深刻？

沈慧瑛：我主要采访了张寰和老师，也曾和他的儿子张以迪先生聊过天，还曾到北京和周有光、周小平父子见过两次，也见过沈从文的大儿子沈龙朱，他们都非常谦和。此外，我还采访了张充和，以及他们家的大嫂、张宗和的夫人刘文思。

说起难忘的事，还真不少！我每次去张家，张寰和老师都会给我准备点心、红茶。有一次，张寰和老师还特意把学生从香港寄给他的饼干让我带回去吃。在和他的交往中，我既感到他为人的谦和、知识的渊博，又感到深深的温情。

张充和老师给我的印象也非常深刻。张寰和老师的听力不太好，和他讲话时要很大声才行，每每这时，在一旁的张充和老师就会说："你们是女孩子啊，讲话要轻点！"我听了其实挺震撼的，不知不觉中，她身上传统女性温文尔雅的一面流露了出来，看似很小的方面，其实是源于她从小受到的教育熏陶。在她看来，女孩就该有个女孩样。张充和老师讲话就是传统女性那样细声细气的。我文章中也写过，她最让我感动的是，她为我馆编辑的《作品选》题名，我送去了1 000元润笔费和真丝围巾，她将真丝围巾收下了，却不愿收钱，只留了张纸条给我，上面写着：返乡即是返家。张充和老师认为，回家了，她怎么能收家里人的钱呢？这样的文化老人，她的身上既有传统女人的优雅、典雅，又有对家乡的情感，她觉得为家乡做事，不应该用金钱来衡量。

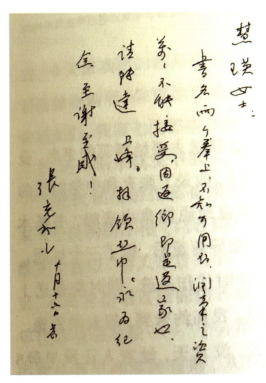

● 《君自故乡来》中展示的张充和写给沈慧瑛老师的信

　　以上便是沈慧瑛老师的访谈实录。她一再用"有学问又谦和"来形容张家人,她又何尝不是这样的人?她在《君自故乡来》的后记中写道:"青灯下,读黄卷,或许枯燥或许单调,或许清苦或许寂寞,没有鲜花没有掌声,也没有名利没有权力,但她(它)也是一份美丽的工作,令我矢志不渝,孜孜以求……"她耗费大量的心血,收集史料,为苏州记录下这些珍贵的故事。她告诉我们,与这些苏州的文化名人交往,心底会更加清澈、纯净。苏州的人文精神就这样在她笔下流淌,流进读者的心里,让更多人得到精神上的洗礼。而我们,也应当秉持这份初心,在自己的专业领域有所作为!

第四章
寻·新

世界上本没有路？是的，有些道路从没有过。然而，改革开放40年，中国闯出了一条独一无二的路，苏州也成为古今巨变的地标。我们是这场伟大变革的亲历者，也是创造者、守护者。为此，唯有更坚定、更自信、更拼搏、更团结，才能化荆棘为坦途，化险阻为佳境。

乡村振兴背景下苏州乡村建设人的所喜、所感、所忧

——关于乡伴文创联合创始人彭锐的采访

改革开放以来,党中央一直关注农村发展、农民生活改善,党的十九大更是以高远的历史站位和深厚的文化底蕴,提出了乡村振兴战略。苏州也适时启动这一战略,探索乡村振兴的苏州路径,政府、高校、企业、非政府组织等多种力量广泛参与其中。

苏州植根于"苏南模式","三农"发展走在全省乃至全国的前列。如何突破既有的框架和理念,进一步发挥乡村独特禀赋,最大限度地激发乡村内部动力,促进乡村经济社会的整体进步,从而为乡村振兴战略提供具有苏州特色的示范和样板。这对从事苏州乡村建设的人来说,既是挑战,也是释放激情、发挥才智、成就梦想的舞台。

为了了解乡村振兴背景下苏州乡村的变化,苏州革命博物馆开展的"寻·新"活动的首站选择了乡伴文创。乡伴文创在苏州市高新区树山村、吴中区临湖镇等多地都开展了开拓性的乡村建设工作。乡伴文创联合创始人、董事长彭锐先生接受了我们的采访。彭锐先生同时也是江苏省首批特色田园乡村设计师、苏州科技大学建筑与城市规划学院城乡规划系副主任,其丰富的实践经历和极强的专业背景,使我们这次寻访收获颇丰。

寻访小组:乡伴文创属于乡村文化创意团队。文化创意产业属于新兴产业,乡村文创更是少见。一个新事物的产生,除了内因之外,外因也是必不可少的。彭老师,您认为乡伴文创的产生得益于哪些外因呢?

彭锐:首先,最大的外因是城乡关系发生了变化。过去,城乡关系是"半城半乡",就像一枚硬币的两面。城市被视作开放、进步,而农村似乎成了封闭、落后的代名词,造成了二者的二元割裂。不光文化创意产业很难到乡村,人们也只会从乡村里出来,不大可能回到乡村。但现在,城乡关系发生了很大变化。以苏州为例,它的城乡一体化程度较高,城乡开始成为一种新型的关系——城乡融合,也就是"伴城伴乡"。乡村成为一个平行于城市的独特生活空间,我们可以重新发现和审视乡村的价值。

其次,社会面临着一个消费升级。乡村开始成为一种稀缺资源,甚至可以说,乡村可能是未来最大的奢侈品。"80后""90后"是消费主体,他们的消费观和上一代人不一样。对他们来说,乡村是一种平行于城市的特色空间和新生活场景,未来我们可以选择在城市,也可以选择在乡村创业或生活。这就为文创等产业在乡村开花结果提供了可能。情怀之外可以产生商业模式,这才是可以造血的,否则只是个情怀。追求乡愁,寻个老物料,住个民宿,就像玩票一样,是不可持续的。

最后,国家政策导向的支持。发展理念转变了,从经济到生态,现在讲"绿水青山就是金山银山",政府出台了乡村振兴战略,这就需要配套很多政策,不仅包括经费,还包括各种扶持、侧重等。在人才方面,例如,我们的专业或行业是搞设计的,我国住房和城乡建设部就专门发文鼓励设计下乡,苏州市政府也刚刚出台了《苏州市特色田园乡村建设设计师驻村服务制度》。而且,设计师下乡后还有后续一系列政策扶持,诸如评职称、设计评奖等方面的认定和倾斜。更重要的是,这不仅是一个部门有这样的政策,也是国家层面的推动,你会发现各行各业都在下乡。政府的推动对我们国家的影响是深远的,否则,全国都是个体发展,很难形成态势。

因此,总的来说,外因包括城乡关系、消费升级和政策引导。

寻访小组:彭老师刚刚提到的消费升级,是不是指人们的需求结构发生了变化?

彭锐:可以这么说。党的十九大报告提出,我国社会主要矛盾已经转化为人民日益增长的美好生活需要和不平衡不充分的发展之间的矛盾。人民对美好生活的向往,使我们开始有更多的精神方面需求,诸如对生态环境、乡村生活的追求等。然而,人们在需求、价值观方面的变化对乡村改革影响挺大的。以前,我们谈到乡村规划谈得更多的是环境整治,现在的乡村振兴,则是对我们提出了更高、更全面的目标和要求。例如,苏州市政府提出要在乡村富起来、美起来之后,实现活起来,打造特色产业、特色生态和特色文化。我们作为参与者,明显感觉到这与之前乡村建设的要求不同。

寻访小组:贵团队在树山的乡村实践,形成了"树山模式",并且在全国很多地方推广和实践。我们了解到该模式最大的特点是"陪伴式乡村实践"。彭老师能不能给我们讲解一下"陪伴式乡村实践"的内涵和意义?

彭锐:我想可以把"陪伴式乡村实践"的内涵,分为两个层面和三个阶段。两个层面分别是"陪"和"伴"。一是要"陪",必须以平等的姿态对待乡村的村民,不能有居高临下的视角,不能持"我来救你了""我来帮你了"这样的观点,你必须陪着村民,这样村民才会觉得你可信、可靠,这也是为"伴"打基础。二是要"伴",即成为伙伴关系。与村民一同携手开展招商、宣传、争取资金、村容整治等各项工作，提供建议、制定规划，这样才能避免招商引资的盲目性。当然这个"伴"是要建立在"陪"的基础上的，这样你的规划和建议才具有可行性。这是"陪"和"伴"的关系。

三个阶段，一是规划阶段。乡村规划的主体是村民，各种专业工作者应

● 树山乡村双创中心

树山村创建全国首个"乡村双创中心"，通过"乡创+文创"的模式，组织双创活动，培养双创人才，孵化双创企业，以"在地、在场"的"陪伴式乡村实践"激发乡村活力。

当是村民的协作者，是规划主体的长期陪伴者。乡村规划不是"一锤子买卖"，而是一个长期的服务过程。谁协助做的规划（包括设计），谁负责陪伴落实。二是服务阶段。在完成规划之后，就要开始长期的陪伴式服务（诸如5年、10年、15年）。在乡村规划实施过程中，会存在"有规划设计、无指导服务""不按规划设计实施建设"等问题。在乡村蝶变过程中，陪伴式服务是避免出现建设实施与规划设计不符的重要手段和有效措施。三是离开阶段。我们的团队陪到最后，理想状态是，我们离开后可以把村子交还给村民。因为我们已经把一整套管理体系全部教给了村民，村子可以在新的经营模式下自循环造血。

寻访小组：彭老师刚才提到，乡村规划和建设的主体是村民，"陪伴式乡村实践"最理想的状态是团队离开，村子可以在新的经营模式下自循环造血。如此看来，激发乡村内部动力是不是显得尤为重要？

彭锐：是的。能否激发乡村内部动力可以说是乡村建设能否成功、能否持续的关键了。习近平总书记对实施乡村振兴战略也重点强调了"激发广大农民积极性、主动性、创造性""激活乡村振兴内生动力"。这很重要，但实施起来确实很困难。我们毕竟是外部力量，不是内部动力，（村民）不可避免有不理解，甚至反感、抵制等情绪。民智开化需要一个过程，村民也确实比较短视、爱计较，甚至有点"小狡猾"。我们当时也预估到会有这样的困难，但没想到做起来困难更大。比如做民宿，村民看到赚钱了，就没有契约精神了，要涨房租，合同是不管用的，不涨就堵门、断水、断电。还有一次昆山修路，要移当地的土地庙，好巧不巧有个村干部身体不好了，村民就觉得动了风水，不干了。在基层，最难的就是和老百姓沟通，做这个事是于他们有利的，他们有时却不能理解。

● 树山小年兽

究竟该怎么做呢？首先，我们去做村民不会去做的事情，专业的人做专业的事。在村里专业的人最好做村民做不了的事，他们就会非常喜欢你了。比如做文创，村民缺乏文化自觉和文化自信，他们可能不知道自己身边这个东西是好东西，我们帮他们挖掘村子的特色文化、修复传统文化，诸如树山小年兽、大石山十八景等。

其次，我们开始"讨好"村民，为他们做实事。你费了半天的工夫做"高大上"的文创，村民却没获益，这样肯定是不行的；你占了人家的资源、资金，却没产生富民强村的实效,这样同样是无用功。我们既要将重点放在打造品牌农业上,提高农业的附加值,又要用文化 IP——树山小年兽来帮村民卖杨梅,卖翠冠梨,定制文化衫,设计"树山三宝"的移动售卖车。

最后,我们在不断地磨合中,与村民由陌生、相熟到相知相惜,这也是"陪伴式乡村实践"的题中之义。很多村民都是普通农民,而非职业农民,缺乏意识、技能和眼界。他们对一些新生事物不太了解,于是我们引进了国际酒店,并通过改造酒店、举办管家培训等方式,开拓村民的眼界,提升他们的能力。目前,树山村既有品牌民宿、精品民宿,又有原住民的民宿。这不仅满足了不同消费者的需求,村民也获得了可观的收入,同时也增强了其经营能力。

树山村有如今的新面貌,离不开村集体、村干部的努力。苏南的集体经济比较强大,发挥村集体的作用,可以达到事半功倍的效果。就以民宿为例,如果通过村集体把闲置民房收集起来,成立合作社,双方都有合约作为

● "唯和呈喜"摩崖石刻

树山村戈家坞有"年兽"数尊,青石或金山石质地,原是守墓的石像生,距今已有 500 多年的历史,但如今散落于田间。乡伴文创以此"年兽"石像入手,赋予"秉唯和呈喜、守家国天下"的内涵,打造乡土文化 IP,实现乡土遗产活化和乡村活化。

保障,这比直接与村民沟通更有效率。同时,村干部往往能起示范带头作用。比如民房改造,先是村干部的房子交给我们改造,改造完成后,村民们看到新的民房美观大气,自然也同意将民房交由我们改造,之后的工作就容易开展了。在我们的联络下,太仓花墙村村支书组织村民实地参观了树山村等乡村,村民们收获颇丰,这也为花墙村的民房改造打下了良好的基础。我们到全国许多地方的村子做乡村项目,而要论苏州乡村的最大优势,应该就是村

集体和村干部了。我们常说,去一个村子,看一看村支书,就能大致了解村子是什么样子的了。过去,皇权不下县,现在村民自治,就必须激发内部动力,发挥村集体的作用,壮大集体经济。我们刚到树山村的时候,跟村支书也有过一段磨合期,但我们一直和他沟通和交流。如今,他成了苏州农干院的一名特约讲师,也成了一名经常接受媒体采访的"网红书记"。经过多年的相处,从某种意义上说,我们已经成了"命运共同体",在村里开展工作就更加顺利了。

苏州农村,蕴含着无穷的创造力和勃勃的生机,"苏南模式"曾在此萌发,"城乡一体化"也在此试点,而如今,乡村振兴的先行与示范,为以乡伴文创为代表的苏州乡村建设者提供了大显身手的舞台。他们满怀着信心与激情的同时,也有着忧虑和不安。彭锐老师最后一直强调,作为先行先试者,会不断地试错,为后来者提供经验,在这个过程中不可避免地会有一些曲折和弯路。乡村振兴是一个长期战略,不能一蹴而就,任何急功近利的决策和行为,都可能对乡村振兴造成不可估量的损失。乡村振兴需要一代人,甚至数代人持续不断地付出和接力。这不仅需要乡村建设人不忘初心、创新奋斗,也需要社会大众更多的理解、关心和支持。

● 太仓市花墙村的干部和村民到树山村参观学习

金鸡湖边的"灰姑娘"

苏钰琳一身华服,半踮脚尖,站在舞台的一侧准备登场。虽然这场由苏州芭蕾舞团重新改编过的经典芭蕾舞剧《灰姑娘》,她已经演过无数遍了,但每次演到仙度瑞拉破茧成蝶变成公主的那一幕时,她的内心仍然会有一些激动。

这是 2018 年盛夏的一个寻常的夜晚。屹立在金鸡湖畔的苏州文化艺术中心内灯火通明,那鸟巢形态的建筑外壳如钻石般璀璨,并不断变化色彩,仿佛一颗强健有力跳动的心脏,向整个苏州输送着新鲜的文化血液。然而,谁能想到 40 年前,此处还是一片阡陌纵横的农田水乡。这是改革开放为之带来的巨变。

1994 年 2 月 26 日,中国和新加坡两国政府领导人共同签署了《中华人民共和国政府和新加坡共和国政府

● 1994年5月12日，苏州工业园区首期开发启动典礼在苏州城东金鸡湖畔隆重举行

关于合作开发建设苏州工业园区的协议》。同年5月，苏州工业园区的建设正式启动。截至2018年年底，经过24年的发展，苏州工业园区成为综合实力处于全国前列的开发区。

只有拥有强大的经济基础，才会有文化的蓬勃发展。2007年，苏州文化艺术中心正式挂牌开业，成为一座苏州文化的坐标。10余年过去了，从一开始的鲜为人知到如今的熠熠生辉，苏州文化艺术中心的蜕变恰恰与灰姑娘的华丽转身有着异曲同工之妙。

苏州芭蕾舞团正是与之同时间成立的。彼时，苏钰琳还是一个满脸稚气、天真率直的小姑娘。她生于成都，10岁便独自一人去了上海学习芭蕾舞，之后考取北京舞蹈学院芭蕾舞系，一心追逐着自己的芭蕾舞梦。当时，苏州文化艺术中心要筹办一个芭蕾舞剧团，负责演员招募的舞蹈家李莹来到了北京舞蹈学院，苏钰琳作为班级的尖子生被选中，随后便来到了苏州。这一来便是11年。

曾经因为一些客观因素，剧团面临解散，多数演员及工作人员被遣散，苏钰琳面对前途未卜的压力，陷入彷徨和焦虑之中。那段时间，她每天都会去金鸡湖边散步，望着波澜不惊的湖面沉思，情绪低落，心情复杂。那时候，苏州工业园区在改革开放的影响下,已经具备雏形,但依然远不如现在繁华;那时候,金鸡湖边没有苏州中心和东方之门,也没有诚品书店,更没有高耸入云的国际金融中心。

不久,事情迎来了转机。随着外籍艺术总监的离去,李莹和潘家斌夫妇留了下来——这对海归的舞蹈艺术家曾是中国芭蕾舞台上光芒璀璨的双星,而潘家斌正是苏州人。当时,李莹苦笑着说:"如果没有演员,我们两个光杆司令又有什么用呢?"最终经过争取,20多个中国芭蕾演员全部被留了下来,其中就有苏钰琳。那一年,她刚满19岁。

在苏州这样的非省会城市设立芭蕾舞团是一件极具魄力的事情。要知道,全中国拥有芭蕾舞团的城市也不过5座,而且全部集中在经济发达的大城市,其中还包括香港这样的亚洲金融中心——原因很简单,芭蕾舞源于西方贵族

● 苏州芭蕾舞团演绎改编的经典芭蕾舞剧《灰姑娘》的剧照

阶层，从古至今都属于高雅艺术，对观众的要求之高不言而喻，因此，只有在文明程度较高的地区才可能会有受众。苏州这次能设立芭蕾舞团不仅来自上层决策的长远眼光，也是一种源于苏州人骨子里的自信。

然而，万事开头难，尚处婴儿期的苏州文化艺术中心与苏州芭蕾舞团同样面临着重重危机。

首先，芭蕾舞者难以被社会所认同。由于资金有限，排练的服装、道具经常供应不足。比如一双训练的舞鞋，正常使用可能3天就损坏了，但全团有20多名演员，即便是几十元一双的鞋，全年下来也是一笔不小的开销。据苏钰琳回忆，那时每位芭蕾舞者都会冒着脚踝受伤的风险将舞鞋多穿几天。即便如此，芭蕾舞者依然要遭受各方非专业人士的质疑之声，默默承受着脚上的痛苦和内心的酸楚。

其次，苏州芭蕾舞团缺乏优秀的剧目作为支撑。同样由于资金有限，苏州芭蕾舞团无法购买国外经典舞剧的版权，常常面临无剧可排的尴尬局面。

最后，芭蕾舞者无法获得应有的尊重。那些图个新鲜而花钱走进剧场的观众往往第一反应是看不懂芭蕾舞剧。更令人感到气愤的是，这部分观众还随意扰乱演出秩序。苏钰琳清晰地记得，芭蕾舞团当时演出的画面：观众嗑瓜子的嗑瓜子，聊天的聊天，甚至因为座位问题打起来的情况也时有发生。芭蕾舞者在台上表演时看到台下如此这般，多是感到委屈和无奈。

但美丽的姑娘们坚持了下来。没有舞鞋，就省着点用；受到质疑，就一笑而过；缺乏内容，就自己原创！在李莹、潘家斌两位艺术总监的带领下，苏州芭蕾舞团开始了漫长而扎实的经典剧目改编以及新剧原创工作。他们不仅将《胡桃夹子》《罗密欧与朱丽叶》《灰姑娘》等西方经典剧目大胆地进行"中国化"，更是创造了《西施》《唐寅》等极具中国特色、苏州情调的现代民族芭蕾舞剧，并在全球范围内巡演，把苏州文化推向了世界。

● 经典芭蕾舞剧《胡桃夹子》的演出海报

至于观众，用苏钰琳的话说，是需要培养的。芭蕾舞剧的曲高和寡是由它的艺术形态决定的，表演者不能为了迎合普通大众的审美趣味而降低身段，只有通过长时间的浇灌去拓宽大众的视野，才能培养他们的审美情趣。事实证明，苏州芭蕾舞团做到了。经过这11年的不懈演出、开讲座和普及活动，苏州市民的艺术素养得到了飞跃性的提升。用我国著名表演艺术家陈佩斯的话来说，"苏州的观众很棒、很专业，他们知道什么时候该喝彩，什么时候该安静欣赏"。

近年来，从中央到地方对苏州文化事业给予了有力支持，这也推动了苏州芭蕾舞团不断发展与进步。据了解，苏州芭蕾舞团目前不仅有本地政府经费注入、江苏省文化局拨款，还有国家文化部门的艺术基金支持。再加上，随着名气的增大以及演出场次的增加，苏州芭蕾舞团已经完全不存在生存问题了，演员和创作者们只需专注艺术本身，用心去为苏州文化编织更多美妙的舞姿和华美的乐章。

文化对一座城市的影响是巨大的。它不像高楼大厦那般夺目，也不似车水马龙那般匆匆而过，它是隐形的、深刻的、潜移默化的，如同春雨润物细无声。如今的苏州文化艺术中心如同城市的精神坐标，它为苏州人提供休闲娱乐的平台；而苏州芭蕾舞团如同城市的文化元素，它为苏州人提供艺术熏陶，为苏州的下一代输送高雅的审美与高尚的情操。可以说，以苏州文化艺术中心为基地，以苏州芭蕾舞团为主要师资团队的艺术培训，成了孩子们接触和学习文化艺术的摇篮。

● 苏钰琳接受苏州革命博物馆寻访小组的采访

作为一名新苏州人，苏钰琳以定居苏州而感到自豪，而这份自豪感正是苏州近几年翻天覆地的变化所带来的。她表示，前些年跟朋友提到苏州，大家还并不了解，只知道它是一个经济发达的城市，而现在则会在文化上也产生认同感。她笑道："只要一有朋友来苏州，我就可以安排一个礼拜满满当当

● 苏钰琳在剧中扮演的灰姑娘

的'文化之旅',诸如去苏州博物馆看展览,去诚品书店买书,去苏州文化艺术中心欣赏电影和话剧,去古典园林闲坐喝茶……"

随着音乐之声的渐弱和灯光的逐渐暗淡,舞台开始安静下来。苏钰琳意识到自己马上就要登场了。她调整了一下呼吸,露出微笑,踮起脚尖,张开双臂,侧身面向观众,朝舞台中央走去。

一束追光照射在她的身上,音乐渐起,"灰姑娘"翩翩起舞。

志愿之心筑文明

在苏州革命博物馆的展厅里,常常活跃着这样的身影,他们身着统一的绿色马夹,有的在前台、序厅,热情地接待观众,沉着冷静地疏导人流,为观众答疑、解惑;有的在展厅里,自信从容、耐心细致地为观众讲解展览,传递苏州本土的红色文化;有的在社教活动室,各司其职、各展所长,在各类主题活动中协助宣教老师完成宣教工作。

在更多、更大的公共空间,我们看到过无数这样美丽的身影:在十字路口,他们维持秩序、劝导交通;在大型赛事上,他们指引路线、完成接待工作;在社区邻里间,他们调解纠纷、守望相助;在边远山区里,他们扶贫接力、义务支教……

● "中国青年志愿者"标志

不经意间，一个转身回眸，就能看到他们的身影。

他们有一个共同的名字——志愿者！

志愿之心的光辉

汪岚是一位经验丰富的志愿者，由于曾参加义教活动，大家都亲切地称呼她"汪老师"。除了为有需要的孩子提供英语义教、长期探访敬老院老人外，她还积极加入多个志愿服务组织，成为中国昆曲博物馆和苏州革命博物馆的志愿讲解员。汪老师的讲解绘声绘色、引人入胜，讲解时自然流畅、详略得当。每周末，如有需要，汪老师总会提前来到苏州革命博物馆做准备，以最饱满的热情接待来自四方的观众。通常工作日需要加班，周末又几乎全部奉献给公益事业，虽然鲜有休息的时间，但汪老师总是那么亲切和热情，眼神中全然没有一丝疲惫，有的只是快乐和满足。这样的生活状态和精神面貌着实令人羡慕和钦佩。

● 汪老师在苏州革命博物馆展厅前拍照留念

汪老师在苏州革命博物馆担任志愿讲解员后不久，她的女儿赵净淼也通过面试加入了苏州革命博物馆志愿服务团,成为开放服务志愿者,并积极加入苏州革命博物馆的宣教活动中来。在良好的家庭教育下,赵净淼独立自主、亲和友善,比同龄的孩子更成熟、更懂事一些,她积极参与社会公益活动,在不同类型的志愿服务中学会了成长、感恩与坚持。如今,她一直坚持利用寒暑假时间回到苏州革命博物馆,为观众提供力所能及的服务。

与这对志愿者母女类似,在苏州革命博物馆志愿服务团中,还有一对"父子档"。父亲名为姚谊颂,儿子名叫姚天铭。姚谊颂常年在苏州革命博物馆为观众提供志愿服务,无论是开放服务还是宣教活动,他都抽出时间积极参与。姚谊颂的儿子姚天铭随后也来到苏州革命博物馆做志愿者,这一选择与其父的言传身教密不可

● 赵净淼和志愿者们一起为未成年人社会实践体验站课程服务

● 姚谊颂为小朋友们示范展览讲解

分，同时也源于他自身的博物馆情结。姚天铭曾说："我喜欢去各个城市探索它们的起源与发展。书店和博物馆是我必去的两个地方，因为它们分别是一个城市的文化底蕴和社会历史的缩影。而博物馆是最能引起我共鸣的地方。"

我们看到，不仅有越来越多的父母带着孩子加入志愿者的队伍，也有越来越多的志愿者带来了自己的同学、同事和朋友。志愿服务的吸引力究竟在哪里？为何能融入越来越多人的生活中去呢？志愿服务是精神时尚，它能唤醒并激活每个参与者、受助者内心深处的仁爱、善良等美好品质；志愿服务是文明传递、爱心接力的有效载体，志愿者在服务过程中，不计报酬、不辞辛劳，他们的所作所为和无私奉献的精神会潜移默化地感动受助者、感染周围的人，参与者和受助者乃至旁观者都可以在其中获得心灵的成长和道德的化育。也许，这就是志愿组织生生不息的源动力。

志愿服务的缘起

志愿者的英文名volunteer一词来源于拉丁文中的"voluntas"，意为"意愿"。志愿者是指自愿贡献个人时间和精力，在不计物质报酬的前提下，为推动人类发展、社会进步和社会福利事业而提供服务的人员。志愿服务是指志愿者、志愿服务组织和其他组织自愿、无偿向社会或者他人提供的公益服务。

在我国，使用"志愿者"一词的时间并不长，志愿服务也是伴随改革开放产生的新生事物，但志愿服务的理念源远流长，中华民族历来有助人为乐和扶贫济困的优良传统。20世纪80年代后期，我国开始着手推动志愿者和青年志愿者建设。1993年年底，共青团中央决定实施中国青年志愿者行动。1994年12月5日，中国青年志愿者协会成立，成为目前中国最大的志愿组织。1998年8月，团中央青年志愿者行动指导中心正式成立，在团中央书记处的领导下，负责规划、指导和协调全团青年志愿者工作，同时行使中国青年志愿者协会秘书处的职能。

自20世纪90年代以来，随着社会的飞速发展，人们对精神世界的需求也在不断提高。在满足基本的物质生活需要之后，越来越多的人自愿奉献出自己的时间、精力、智力、经验等，为社会大众服务，从而实现自我价值、获得成就感。根据马斯洛需求层次理论，人类最高层次的需求是自我实现的需求。志愿服务将服务他人、奉献社会与提升自我完美结合，志愿者在实现自我价值的同时还创造了社会价值，促进了公民道德素养的提升。

近年来，一系列政策与条例陆续出台，进一步推动了志愿服务工作的发展。2016年7月，中央宣传部、中央文明办、民政部等8个部门联合印发了《关于支持和发展志愿服务组织的意见》，明确提出：到2020年，基本建成与经济社会发展相适应、布局合理、管理规范、服务完善、充满活力的志愿服务组织体系。2017年8月22日，国务院发布《志愿服务条例》，旨在保障志愿者、志愿服务组织、志愿服务对象的合法权益，鼓励和规范志愿服务，发展志愿服务事业，培育和践行社会主义核心价值观，促进社会文明进步。

志愿苏州　筑梦未来

改革开放以来，苏州市经济社会发展取得了瞩目的成就。作为经济强市，苏州市连续多年GDP排名全国前十。较高的经济发展水平为志愿服务文化的培育提供了

● 苏州志愿者Logo

土壤，为志愿服务理念的推广奠定了基础。随着生活水平的提高，人们更多地去关注精神层面的需求，而对精神世界的关注带来的是素质的提高与道德的提升。如同漂亮的经济数据一样，苏州市志愿服务工作也走在了江苏省的前列。

2008年3月，苏州市成立了志愿者行动指导中心，是隶属于团市委的事业单位，指导全市志愿者活动。2009年9月，苏州市志愿者总会成立，由全市各志愿者及志愿者团体自愿组成，是开展地方公益性活动的联合性、非营利性的社会团体法人组织，接受苏州市精神文明建设指导委员会办公室的业务指导。

为了了解苏州市志愿服务工作的发展情况，我们采访了苏州市志愿者总会干事庄嵩翔。

据介绍，截至2018年10月底，苏州市共有注册志愿者141.7万名，注册团队13 500余支，提供志愿服务时间近1 320万小时。苏州市志愿服务领域不断拓展、内容不断深化，目前共有公共治安、司法法律、文化文艺、医疗卫生、环保公益、科普宣传、赛事赛会、应急救援等16类志愿服务项目，每个项目又细分出了若干小类。2013年7月，苏州市首次开展社会志愿服务项目扶持引导，5年间累计投入专项资金310余万，

● 苏州市志愿者总会干事庄嵩翔（左一）

扶持引导各类志愿服务项目 334 个。

苏州市志愿者总会对志愿者实行网络化管理，通过苏州市志愿者智慧云服务平台和微信公众号发布志愿快讯，展示志愿风采，各个志愿组织可以在平台上发布招募信息，志愿者则可通过网络报名的方式来参与活动，累积服务时长。苏州市志愿者总会还建立了志愿者之家，让志愿者在定期的培训、交流、分享活动中共同成长。自 2018 年 3 月起，苏州市志愿者总会对注册志愿者开展系统性培训，每月 1 期，志愿者可按照需要在线自主报名，参加各项培训活动。

苏州市不断探索志愿者保障激励措施，通过购买志愿服务保险，为志愿者提供基本保障；在全市范围内实行积分兑换，按照不同服务内容、服务对象确定权重系数，拟定积分计算公式，根据公式将服务时长转化为积分，积分可兑换各类文创产品，诸如地铁计次卡、新华书店购书券等。在流动人口积分管理政策中，志愿服务时长成为加分项之一。这无疑彰显了苏州市政府

● 苏州市志愿者总会培训现场

对志愿服务的鼓励与肯定，也为志愿者积分落户、积分入学增添了砝码。为了推进志愿者礼遇政策落实，自2013年12月起，苏州市精神文明建设指导委员会办公室、苏州市志愿者总会在全市范围内开展星级志愿者认定工作，截至2018年10月共认定一星级至五星级志愿者22 690名，并为志愿者颁发星级证书及徽章。每年新增的五星级志愿者获得一次免费体检服务，近年来已有500余名五星级志愿者获得该项礼遇。

在对星级志愿者进行统计和分析的过程中，我们可以看到：从人数上看，25~40岁年轻群体占比最高；从五星级志愿者（服务时间累积达到1 500小时）的数量上看，61岁以上老年群体占比最高。这说明苏州市志愿服务不仅队伍朝气蓬勃，还得到了老年群体的积极响应。年轻群体的不断加入、老年群体的不断坚持，为苏州的志愿服务提供了源源不断的后备力量。

改革开放初期，志愿服务事业燃起星星之火，在摸索中缓慢起步、稳步前行。如今，在全社会范围内，志愿服务理念得到广泛传播，备受公众认可，相关的政策法规也在不断完善，组织体系逐渐健全，志愿者队伍日渐壮大，各项保障、激励措施逐步出台，更多的利好政策也在进一步筹备和完善中。社会主义新时期，相关部门对志愿服务更需加大扶持力度，团结社会各界志愿服务组织和广大志愿者，进一步培育志愿服务文化，营造志愿服务人人可为的社会环境，引导公众从身边小事做起，逐渐投身到更广阔的志愿服务领域中去。

● 星级志愿者徽章

社区"总理"普通而漫长的一天

上午 10 点,同德里。

季赵量站在人群中,心情急切,不时地掏出手机来查看时间。在他面前,一位 80 多岁的老太正喋喋不休。几个小时前,她爬到身后这幢有着近百年历史的民国控保建筑的二楼,砸了邻居家的抽水马桶,理由是对方未经同意私自改建下水管道,这容易造成她家臭气满屋。

类似这样的居民矛盾在锦帆路社区里时有发生,作为社区党委书记的季赵量早已见怪不怪了。从地理位置上来说,锦帆路社区是苏州历史上"子城"的所在地,东至五卅路、西至人民路、南至十梓街、北至干将路,面积仅有 0.26 平方千米,却是苏州古城的核心所在。因为"古",所以"旧",辉煌而显赫的历史背后也存在着不少遗留问题,诸如古宅保护问题。在这个社区内,有中共苏州独立支部旧址、五卅路纪念碑、上海战役指挥机关旧址、叶楚伧和章太炎等名人故居,以及张冀牖和张家四姐妹的旧居九如巷3号——1932年,沈从文曾到此处来寻找爱情,自嘲是一个想喝甜酒的乡下人,为文坛留下了一段佳话。

"名人故居和历史遗迹因为仍有后人居住或被一些事业单位征用,保护得比较好。但其他的古宅就不容乐观了。"季赵量所指的其他古宅,包括社区内的同德里、同益里等民国控保建筑,因为历史原因,里面混居着大量身份各异的居民,甚至一个院里住着好几个家庭,就比如前面提到的那个老太,一套房子,楼上楼下,却住着两家人,要想和谐共处可真不是件容易的事。

"遇到这种情况,我们一般先调解,然后以宣传教育的形式发动大家一同保护古宅。"季赵量说。

作为一名土生土长的苏州人,季赵量对苏州古宅有着深厚的感情。他生于20世纪90年代,是一个标准的"90后",小时候就住在阊门内的一处古宅内。粉墙黛瓦,高高的门槛,三进式的格局,幽静的中庭院落,苏式老宅的典雅和秀美占据了他大量的童年记忆。因此,

● 五卅路民国建筑

从部队退伍后,他在机缘巧合下被分配到社区工作,并逐渐成长为一名社区书记,他的心里始终记挂着一件事:以主人翁的精神和姿态去热爱苏州,保护古城和古宅。

"因为现在古宅里有很多外来租户,他们没有这个保护意识,所以古宅被破坏得很严重。有些人为了能方便电瓶车的进入,居然私自将门槛拆掉了,我看了非常痛心。"季赵量难过地说。

为了保护古宅,季赵量和同事们想了很多办法。他带领社区举办了一个"我为古宅代言的活动",号召所有住在古宅里的居民自发去宣传和推广古宅保护理念,让居民们发挥主人翁的精神,成为古宅的代言人。

季赵量认为,宣传、利用好这里的历史文化资源,是对古城、古宅保护更长远、更有效的方式。他还强调:"红色资源丰富是我们辖区的一大特色。我们社区所属的双塔街道提出了党员'实境课堂'方案。通过寻访辖区内的革命历史遗迹,聆听革命故事,加强党员对古城红色历史的学习,从中汲取精神力量。"季赵量告诉我们,以"党建"护"古建"是一个正在探索和实施的做法,"我们号召党员干部以支部为单位,成为古城保护的先锋"。

● 锦帆路社区古城保护宣传活动

中午 12 点 30 分，匆匆吃过午饭的季赵量抽空去拜访了已经退居二线的原锦帆路社区的党委书记。作为新时代的社区干部，像季赵量这样的"90后"已经非常普遍了。这也是改革开放 40 年来基层职能部门最大的一个变化。在几十年前，用老前辈的话说，社区几乎没什么事可干，除了搞搞卫生、发发传单、做做媒人外，就没啥事了。所以，我们印象中的社区干部都是大妈、大爷。他们就像是一群离了岗的"闲人"，好管"闲事"，善良而热心。这也从另一个侧面生动地反映了当时社区的实际状况。

但现在不一样了，社区已然发生了天翻地覆的变化，尤其是观念上的革新。按照季赵量的说法，以前的观念是"管理"，后来变成了"治理"，现在的目标则是要发展成"自理"。最后是一种非常高的境界，要能达到这个目标还有很长的路要走。

"只要发生在辖区内，所有的大事、小事我们社区都有属地责任。例如，前几天马路边的一根电线杆倒了，老百姓不知道找谁来管，最终找到社区，社区协调其他部门将问题解决了。又如，搞人口普查，我们没日没夜、挨家挨户地做登记，很多住宅白天没人，我们只能等到晚上再行动。一个星期下来，不少同事累得病倒了。"

● 接受采访中的季赵量

即便工作既忙碌又辛苦，季赵量依然兢兢业业。在接受采访的短短30分钟里，他的电话响了8次，他起身了8次，每一次说话、办事都风风火火，干净利落。他笑着说："这些工作虽然琐碎、繁杂，经常不被人理解，但因为涉及社区里具体的每个家庭、每个人，对我们来说就是重要的事。"

下午2点，季赵量终于回到了办公室，开始依据获得的信息挨家挨户打电话。最近社区要配合全国经济普查工作，对于辖区内的公司和单位需要通过上门或电话联系进行核实，这又是一项非常庞杂的工作。

"有时候，我给对方打电话，没聊两句，对方以为你是诈骗犯，随即就破口大骂……"季赵量无奈地说。

即便如此，季赵量依然能准确找到社区内1 600多家公司和单位对应的每个相关人员的信息，包括那些只是注册于此、实际在他处办公的公司。不仅如此，他还管理着1 450户家庭、户籍人口近4 400人的信息。这得益于近年来实行的社会网格化治理体系，让社区管理实现资源整合，服务精准度也得以大大提升。"我们有一个内网叫作'子城在线'，只有我们的工作人员才有权限进入查看。那是一个巨大的数据库，具体到社区里每一个人的性别、年龄、外貌特征，都一清二楚。一旦遇到什么事很快就能找到具体的人，非常方便。"

大数据也是改革开放以来最常听见的一个词，利用前期社区工作人员两条腿跑出来的数据，通过网络内部共享的方式进行人员管理。这在几十年前是完全无法想象的。

下午4点，季赵量重新来到了社区的街头。他需要确认一些铭牌是否安装完毕。这些金属铭牌将会被贴在社区内几处历史遗迹景点的醒目位置，上面刻有二维码，只要打开微信扫一扫，就能免费获得这个景点的相关介绍。

季赵量热情地说:"我们最近在开放古巷游,其实就是通过这种古城'微旅游'的方式,宣传我们辖区各类历史文化资源,让市民群众和外地游客都可以参与其中,从而爱上古城,保护古城。"

据季赵量介绍,游客只要完成社区内所有二维码的扫描,就能到社区免费领取一份特制的明信片。不仅如此,他还找设计师专门设计、印制了"小巷深度游"的手绘地图,与网络电台合作讲述名人名居故事,开设公众号,研发VR实景体验……这一切都是崭新的方式,是改革开放40年来基层社区变化的成果展现,是以这个年仅20多岁的社区书记为代表的基层干部正在努力尝试的创新之举。

下午6点,已经到了下班时间,原本打算回家跟新婚妻子共进晚餐的季赵量又被一个电话拖住了——社区内一处未经许可而私自经营的民宿需要他前去协助查封。

"我基本上全年无休。辛苦归辛苦,但也是值得的。"季赵量坦言道。

季赵量笑着披上外套,随即毅然走入了华灯初放的苏州街头。

● 锦帆路社区工作人员为小学生讲解古宅故事

我的教育

——成长中的点滴

这是一份来自普通人的回忆,讲述了他十几年来的求学之路。在普通人的成长背后,是几十年来我国教育理念的进步和教育事业的发展。

我生于1986年,成长在一个普通的苏州市民家庭中。我的母亲曾参加过1977年、1978年的高考。1977年是恢复高考的第一年,虽然当时她离毕业还有1年,但是根据政策,可以参加高考的预考。在1978年正式的高考中,她考了语文、数学、物理、化学、英语5门科目。母亲擅长的是英语,但由于她报考的是理科,所以英语是不计入总成绩的。母亲一直说,她当时本来是要报文科的,但是外公坚持让她先学理科,以后有了兴趣再转文科,如此"扬短避长",她最终没能考上大学。我的父亲自幼就对国画感兴趣,因为我的爷爷就是吴门画苑的画师,

——苏州革命史迹寻访集（2015—2018）

可惜爷爷很早就去世了，又赶上"上山下乡"，我的父亲就没有机会得到正规的系统的国画教育。

1993年，我进入苏州市彩香中心小学（今苏州市彩香实验小学）读书，正式开始了我的求学生涯。那时候，好的学校不像现在这么多，而苏州市彩香中心小学是市区一所很好的学校。我们家其实并不住在学校地段（今称"学区"），母亲为了让我进入这所小学，想方设法弄了一个"搬家户口"，再交了200块钱的赞助费，这才让我顺利地进校读书。母亲说，小学是打基础的阶段，一定要好好学习。但实际上，"打基础"这三个字，她说了好像有十几年，一直到我走上工作岗位。后来，我也还算争气，成绩中上等，100分考了不少次，当然作为一个男孩子也闯过一些不大不小的祸。印象深刻的事情很多，我现在还记得学过的第一篇语文课文《香山红叶》。

放学之后，我特别喜欢看各种动画片。那时候，有很多进口动画片在学生中非常受欢迎，诸如《变形金刚》《圣斗士星矢》《太空堡垒》等，都是其中的佼佼者。这些进口动

● 我的母亲参加高考时语文复习材料（现藏于苏州革命博物馆）

1977年8月4日至8日，在科学与教育工作座谈会上，中央决定恢复已经停止了10年的全国高等院校招生考试，以统一考试、择优录取的方式选拔人才上大学。当年冬天，约有570万名考生走进考场，希望通过考试，用知识改变自己的命运。

画片在受到学生们追捧的同时,却被很多大人嫌恶。长大后偶然得知,《变形金刚》刚刚播出的时候,主流媒体多次报道了这部动画片引起的争议,甚至有20位全国人大常委会委员建议停播《变形金刚》。但随着我国的对外开放程度不断深化,在人们越来越开放的思想下,我国对外国动画片的引进和接受也成为必然。动画中的正义观、英雄主义以及各种奇思妙想,对于孩子们道德观的形成和思维的拓展,起到了潜移默化的作用,这其实也是教育的重要组成部分。

小学毕业后,我进入苏州市立达中学,开始初中的学习生涯。苏州市立达中学成立于1996年,是苏州市区第一批私立初中,校名取自《论语》:"己欲立而立人,己欲达而达人。"要想进入苏州市立达中学这样的重点初中,是要参加专门的入学考试的,一般来说,只有达到分数线的考生才有交钱上学的资格。作为私立学校,苏州市立达中学3年的学费是7 500元,这笔学费在当年远高于普通初中的学杂费,但也不会对普通市民的家庭造成太大的经济负担。

上了初中后,我的数学和英语成绩开始下滑,总成绩在班里处于中等甚至偏下的位置,但现在回忆起来,整个初中时期却是我知识结构、学习方式逐渐成形的起点。当时,苏州市立达中学的教学注重学生整体素质的培养,学生则注重学习方法和效率。于是,我开始逐渐形成自己的学习习惯,也开始阅读历史、军事、科幻等方面的课外书。苏州市立达中学还有一个颇具特色的考试方式——"三自考试"[①],考场没有监考老师和同学,全凭学生自觉地遵守考试纪律。考试作弊的情况极少发生,我的印象中只有在历史会考的时候,班里出现了较大规模的讨论,但当大家发现校长站在窗外板着脸一声

---

① 据笔者回忆,该考试为倡导自尊、自信、自律的考试。

不吭地看着我们的时候,所有人都安静了,我想当时大家心里都是羞愧的。"三自考试"构建了一种平衡,一边是对别人的尊重与信任,另一边是对自己的尊重与约束。

初中的那几年,恰好是电视剧《流星花园》热播的时候。坐在我后面的女生问我:"你知不知道 F4 呀?"我说:"知道呀! F4 鬼怪式战斗机,美国在越南战争时的主力战斗机……"苏州市立达中学的学生不仅学习很好,还有着丰富的兴趣爱好,我们当年的班长,就是一个喜欢零食、武侠小说且体育成绩优异的女孩子(后来成了江苏省高考状元)。因此,只要懂得如何学习,那么看偶像剧、小说,听流行歌曲都不会成为学习的障碍,反而可以为青春添彩。

转眼到了高中。我高中的学业是在江苏省苏州市第十中学校完成的,现在回想起来,已经没有很多与学习有关的记忆了,可能是因为在学习上我没有太大的压力。我不请家教,也从不做参考习题,节省下来的时间就用来阅读课外书籍。

我们那一届的高考,江苏省采取的是"3+2"的考试模式,即数学、语文、英语 3 门为必考科目,再从物理、化学、生物、政治、历史、地理 6 门课中选考 2 门科目,每门科目 150 分,总共 750 分。我按照自己的兴趣选考历史和政治,主要的学习任务就是背诵和理解知识点并掌握答题技巧。我并没有为高考花太多的力气,在语文、历史、政治 3 门课的带动下,我最后的高考成绩是 570 分,正好比 560 分的一本线高出 10 分。

要想上一个满意的大学,除了取得优异的高考成绩外,高考志愿的填报也非常重要。我的高考成绩,在文科中说高不高、说低也不低,在"高人"的指点下,我在填写志愿时选择了一所离家较远的好学校。最终,我被陕西

● 蔡洵颖的入学通知书

陕西师范大学系教育部直属的重点综合性师范大学，国家"211工程"重点建设大学，有雁塔和长安两大校区，历史文化学院位于长安校区，历史学也是学校的重点学科。老教授用毛笔书写的录取通知书是这所大学的一大特色，曾在开学季的时候被多家媒体报道。

师范大学历史文化学院录取，所选专业是历史学专业。

  说起来，我在大学的日子过得比较洒脱，凭借中学以来积累的阅读量，专业课的学习不会有什么障碍。大学期间我的收获良多，其中之一便是我学会了反思。历史不仅是真实的，更是思辨的。学习历史可以锻炼人的理性，即使是在人云亦云的时候，我也能静下心来独立思考。虽然，我还未能参透历史的精髓，但从那时开始逐渐养成全方位、多角度地去看待问题的习惯。大学期间另一个大收获就是找了一位同班同学做女朋友，后来成了我

的夫人。

从大一进入学校开始,我就做好了成为一名高中历史老师的准备,反正我本来就喜欢历史。到大四快毕业的时候,我带着简历准备回苏州做一名历史老师。但我很快发现,一份本科的简历根本找不到高中老师的职位。于是,我就加入了考研队伍。

经过短时间的认真复习,我以总分第一名的成绩考了本校的研究生,专业是西方社会文化史。导师是本科的时候曾接触过的老师,他对我也算是寄予厚望,可惜我并没有想要拥有一个学术人生,所以最后他也只能对我感到失望。我的毕业论文写的是关于古希腊的军事制度,小学时看动画片《圣斗士星矢》,初中时看古希腊神话故事,高中时读古希腊历史学家的著作,到了大学,自己写了一篇与古希腊有关的论文,虽然不能说有什么学术价值,但也算是对自己的学习生涯有了一个交代。

研究生毕业后,我还是没能如愿成为一名高中历史老师,因为这个时候要招本科生了。大概就是在我考研的那段时间里,教育部出台了免费师范生的政策:由中央财政资助学生参与师范教育,并负担师范生在校期间的学费、住宿费,还给予一定的生活补贴,但学生毕业后会被分配至生源所在省份的中小学任教。这是一项对学生和贫困地区教育事业都有好处的政策,但对于我个人来说,硕士毕业的那一年,苏州市恰好没有公开招聘高中历史老师的名额。

2012年,我带着19年求学所得离开了校园,踏上了工作岗位。就在这一年,我的儿子出生了,我从一个受教育者转变为一名教育者。伴随着孩子一天天长大,我肩上的教育责任也越重。我开始意识到要正确地引导孩子去学习知识,让孩子通过绘本、iPad等形式进行阅读,并让其在这个过程中逐渐积累，天文、历史、生物、军事等方面的知识。

改革开放以来，随着社会经济文化的不断发展和思想观念的不断进步，教育事业也在不断地发展和进步。学校教育从早期的灌输知识，到后来的素质教育，再到现在注重学生能力和性格的培养，体现了社会教育理念的进步。家庭教育不再停留在口号上，新一代的父母们开始认真思考孩子的教育，家长制的作风正在被摒弃，父母与孩子的合作精神正在逐渐形成。

受教育者个人的选择开始得到尊重，很少有人会说某些知识是有用的，而另一些是无用的，课堂成绩的好坏也不再是评判学生优劣的唯一标准。在实践中，受教育者因兴趣而主动学习的权利得到尊重，他们发展兴趣的客观条件也因社会物质文明的进步而得到满足。

从单一变为多元，从呆板变为灵活。我们的教育事业在这几十年里已经经历了巨大的转变，我们很难想象未来 20 年里教育事业又会有多大的进步。改革开放取得的经济成果为教育事业奠定了物质基础，而人们思想的解放则促使教育理念与时俱进；同时，教育事业的不断发展和进步，也为社会源源不断地输送了越来越多的优质人才。在这个正向的循环促进中，我们正逐步迈向更好的新时代。

新媒体时代的新闻女孩

从杂志社下班出来，阿May一天的工作并没有结束。这周她得赶4篇稿子，同时还有新的采访任务，没有太多休息的时间。她此刻需要做的是，找家小店吃点东西，同时思考和整理一下采访稿的思路，然后回家撰写稿件。这种连轴转的记者工作让她有些疲惫，却又倍感充实。

4年前，阿May刚从大学新闻系毕业，随即进入了苏州日报报业集团旗下的《现代苏州》杂志社，正式成为一名记者。这种在外人看来顺理成章的职业道路，在她眼里却是一场阴差阳错的意外。

"其实我最早的志愿并不是新闻，我的梦想是做一名室内设计师。"阿May坦言道。

阿May是典型的"90后"女孩，直率、热情，很有自己的想法。她认为自己是在工作之后，才慢慢喜欢上记者这份工作的,因为可以通过采访接触社会各个层面不同的人,了解别样的世界和人生,但有时候也会感到迷惘。

"现在你们还看报纸吗?"她在问出这个问题时,脸上明显带着一丝无奈。

现在还有人看报纸吗?——这当然不仅是一个在传统杂志社工作的年轻新闻女孩所面临的个体困惑,还是这个时代的核心话题之一。毫无疑问,现在的传媒界,新媒体才是宠儿。改革开放以来,随着科技的迅猛发展,尤其是信息传播媒介的巨变,全球早已正式迈入了信息时代。手机是绝大多数人(尤其是年轻人)汲取新鲜信息的主要途径,微信、微博以及从传统媒体转型而来的网媒,让世人应接不暇。我们每天都在信息轰炸中生活和工作,留给纸质读物的时间实在不多。

阿 May 所在的杂志社同样面临转型:一方面杂志本身需要获取新内容,另一方面杂志社也面临着经营压力。所以在传统媒体的依托下,公司同时还运行多个微信公众号。而阿 May 经常要把在杂志上已经发表过的文章,再重新处理一下,换成适合移动端阅读的文本和貌似很有吸引力或冲击力的标题。这一点让她颇为纠结。

"我其实不太喜欢那些所谓的自媒体大 V,他们为了点击率一味地蹭热点,经常会做一些不负责任的报道。"停顿了一下,她接着说,"我还是更喜欢踏实一点去做新闻。"

传统媒体的从业经历让阿 May 的内心始终存有一份骄傲,与此同时,她又对传统媒体的衰落感到无力,所以才会发出"现在还有没有人看报纸"这样答案显而易见的疑问。不过,作为职业媒体人的她表示,无论是新媒体还是传统媒体,都只是一种媒介形式,只要是踏踏实实地做新闻,她都采取拥抱和接受的态度。

到家之后，阿May发现室友小焦已经提前回来了。相比阿May做记者不定时的工作性质，小焦则是朝九晚五的白领上班族。她与阿May是大学同班同学，学的也是新闻专业，却走上了不同的职业道路。

大概在初中时期，小焦每月都会固定购买《读者》杂志，她承认，上面一些有关新闻记者的故事深深地打动了她。

● 小焦和阿May的合影

"我是一早就立志要当记者的，后来得偿所愿，考上了新闻专业。"谈到这些美好的时刻，小焦的眼睛里闪烁着光彩。

她个子高挑，打扮知性，说话不急不躁，看起来就像一名记者。但实际上，她的"记者梦"并没有如期到来。大学毕业后，她四处给报社投简历，基本上都石沉大海。一开始，她还满怀期望，认为只要坚持，就一定能找到一份心仪的媒体工作，直到有一天，她受到了一次重大打击——一家报纸负责人明确地告诉她，之所以拒绝她并不是她不够优秀，而是她所投简历的这家报纸即将停办。

也就是在这个时候，小焦开始意识到自己的"记者梦"可能难以实现了——那个她曾经视为殿堂的传统媒体行业正在迅速衰亡。为了生计，她决定暂时把梦想藏进心里，尽快找到一份稳定的工作，在苏州留下来。于是，她进入了一家新型的创业公司，从事活动策划和新媒体方面的运营工作，虽然不是理想中那种"用一支笔去揭露不公、挖掘真相"的传统型记者，但好歹仍在与从事媒体行业的人接触，她的内心也稍感欣慰。

"如果有机会，我当然还是想去真正的媒体行业。"小焦激动地说。

看得出，小焦心中依然有一份难能可贵的执着。事实上，信息时代给予热爱新闻的人另外一种前进的方向。在时代的剧烈变革中，一些有志向的媒体人不断思考，寻求突破。他们把无线广播做成了网络电台，把纸媒做成了手机端新闻App，把电视节目做成了网络视频。互联网的存在和发展为那些不甘心沉寂、依然执着于新闻理想的新闻人提供了崭新的舞台。

这正是改革开放所带来的巨变，试想一下，40年前的中国谁能想到，我们可以在手机上看新闻和综艺节目，可以随时随地在网络上记录身边的新鲜事并且将它分享给他人，还可以针对新闻事件撰写文字，公开发表自己的意见和看法。

这是一个人人都能充当媒体的时代，我们既是普通百姓，也是记者、编辑，既是当事人，也是评论员。从中国历史的任何一个时代来看，这都是一份伟大的成就。而在这份成就的背后，是中国经济崛起后的自强、科技振兴后的自力、文化开放后的自信。

不过，任何光芒的背后仍然会有一些负面的影响。这些年，自媒体的低门槛导致谣言泛滥，专业记者的大量流失导致整个行业的专业性下降，缺乏道德底线的伪新闻报道层出不穷，让人不禁对新媒体的未来有了一丝担忧。

"现在只要一有热点事件出来，马上就会有网络狂欢，不过我通常不会马上去发表意见。我会耐心地等待，直到喧嚣过了之后，再看看事情的最终发展。"阿May如是说。

"我也是！现在，很多新闻事件动不动就出现'反转'，我都麻木了。"小焦也提出了相同的看法。

虽然只有20多岁，但她们表现出了比同龄人更成熟的一面。这或许是新闻这个专业赋予她们的一种思考力和判断力。不过，她们也看到了很多积极的东西。这几年，政府有关部门在打击网络谣言和不负责任的评论上花了大力气。2016年11月7日，全国人民代表大会常务委员会颁布了《中华人民共和国网络安全法》，并于2017年6月1日起正式施行。正是因为有了明确的法律法规，整个中国的网络环境开始变得干净明亮起来。

作为新闻专业的同学和室友，两个女孩有时候也会因为某些问题产生相左的意见，发生争执。

"一开始，我觉得新媒体好，她觉得还是传统媒体好，我们各执一词，各说各的好。久而久之，我们又慢慢地接受了双方的观点。现在是我觉得传统媒体也很不错，她反而开始夸新媒体了。"

小焦的这番话多少点出了一些有关当今传媒竞争的关键所在。传统媒体也好，新媒体也罢，都不过是一种传递信息的媒介，更重要的是新闻本身的真实感和正义性，注重正能量的传播和正确价值观的导向，那才是媒体最有价值的部分。

渐渐入夜了。在熄灯后的房间里，两个年轻的新闻女孩关于媒体和梦想的探讨仍在继续。

参考文献

［1］费成康.中国租界史[M].上海：上海社会科学院出版社，1991.

［2］袁继成.近代中国租界史稿[M].北京：中国财政经济出版社，1988.

［3］陆允昌.苏州洋关史料（1896—1945）[M].南京：南京大学出版社，1991.

［4］中共苏州市委党史工作办公室.中共苏州地方史（第一卷）（1919—1949）[M].北京：中共党史出版社，2001.

［5］中共苏州市委党史工作办公室.苏州抗日斗争史[M].苏州：古吴轩出版社，2005.

［6］沈红娣.姑苏晚报文化丛书：李根源与小王山[M].苏州：古吴轩出版社，2011.

［7］苏州市地方志编纂委员会.苏州市志[M].南京：江苏人民出版社，1995.

［8］黎时.为中国抗日献身的第一位外国飞行员肖特[N].中国航空报，2005-8-9（3）.

［9］徐刚毅.苏州旧街巷图录[M].扬州：广陵书社，2005.

［10］沈伟东.苏州"党史文化"丛书：苏州近现代人物琐记[M].苏州：古吴轩出版社，2015.

［11］中共中央文献研究室.邓小平年谱（1975—1997）[M].北京：中央文献出版社，2004.

［12］方旭东.费孝通与《江村经济》[J].百年潮，2008（12）：67-69.

［13］杨奎松.忍不住的"关怀"：1949年前后的书生与政治（增订版）[M].桂林：广西师范大学出版社，2013.

［14］张国强. 雨花台烈士传丛书：侯绍裘传 [M]. 南京：江苏人民出版社，2016.

［15］王奇生. 党员、党权与党争：1924—1949年中国国民党的组织形态（修订增补本）[M]. 北京：华文出版社，2010.

［16］中共江苏省委党史工作办公室，中共南京市委党史工作办公室，雨花台烈士陵园管理局. 雨花魂 [M]. 北京：中共党史出版社，2015.

［17］中共中央文献编辑委员会. 周恩来选集（上）[M]. 北京：人民出版社，1984.

［18］张闻天选集传记组，张闻天故居，北京大学图书馆. 张闻天早期文集（1919.7—1925.6）[M]. 北京：中共党史出版社，1999.

［19］程中原. 张闻天传 [M]. 北京：当代中国出版社，2000.

［20］张海林. 苏州早期城市现代化研究 [M]. 南京：南京大学出版社，1999.

［21］李阳. 清末民初苏州士绅的转变与坚守 [D]. 上海：上海师范大学，2011.

［22］王道. 流动的斯文：合肥张家记事 [M]. 杭州：浙江大学出版社，2014.

［23］张允和，叶稚珊. 张家旧事 [M]. 北京：生活·读书·新知三联书店，2014.

［24］沈慧瑛. 君自故乡来 [M]. 上海：上海文艺出版社，2011.

后记 POSTSCRIPT

从 2015 年至 2018 年，苏州革命博物馆寻访活动已连续开展 4 年，并陆续在官方微信公众号上发布相关文章 40 余篇，现将部分寻访文章进行梳理和汇编，以《渐行渐悟——苏州革命史迹寻访集（2015—2018）》为名正式出版，以期能抛砖引玉，为挖掘和宣传苏州地方史略尽绵力。

本书在微信稿的基础上编撰而成，在尊重历史、严格考证的同时，保留了微信稿生动活泼的语言风格，是一本关于苏州地方历史、革命文化的普及性读物。书中包含了大量图片，多是来源于寻访活动中的实地拍摄。这些彩色照片既佐证了我们搜集到的文字材料，又增强了本书的可读性。

在资料搜集和编写过程中，我们得到了社会各界的大力支持和帮助。在此，谨向所有给予我们帮助的单位和个人表示衷心的感谢。

由于编撰时间紧迫、资料不足以及编撰人员水平所限，书中难免存在错误与疏漏之处，敬请广大读者批评和指正。

编　者

2020 年 5 月